Renata A. Thiele

Burtscheider Halbwahrheiten

AF708071

ELV

Renata A. Thiele

Burtscheider Halbwahrheiten

Erforschte und erfundene Geschichten aus über eintausend Jahren

ELV

Eifeler Literaturverlag 2020

Impressum

1. Auflage 2020
© Eifeler Literaturverlag
In der Verlagsgruppe Mainz

Alle Rechte vorbehalten
Printed in Germany

Eifeler Literaturverlag
Verlagsgruppe Mainz
Süsterfeldstraße 83
52072 Aachen
www.eifeler-literaturverlag.de

Gestaltung, Druck und Vertrieb:
Druck & Verlagshaus Mainz
Süsterfeldstraße 83
52072 Aachen
www.verlag-mainz.de

Abbildungsnachweis (Umschlag):
https://de.wikipedia.org/wiki/St._Johann_(Aachen-Burtscheid)#/media/Datei:St_johann_aachen_1.jpg

ISBN-10: 3-96123-004-8
ISBN-13: 978-3-96123-004-4

Inhalt

»Das Burtscheider Tal bei Aachen« von Lucas van Valckenborch, 1570, vormals bekannt als »Landschaft an der mittleren Maas«. Erst 1964 gelang dem Aachener Stadtkonservator Hans Königs durch Vergleich mit alten Katasterkarten die Identifizierung des Burtscheider Tales mit seinen markanten Kirchen St. Johann und St. Michael und den Bädern. Man beachte den Eier kochenden Mann rechts unten im Bild. (Quelle: https://commons.wikimedia.org/wiki/File:Burtscheid_Lucas_Valckenborch_1570.jpg)

Botsched, mi Botsched!

> *»Burtscheid, in älteren Zeiten Porcetum, Porcied, Purchit, Burchit, Bourcit, Borschit, Burschit etc.«*

Die letzten Namensvarianten wollen wir heute als akustisch wenig salonfähig lieber unter den Tisch fallen lassen. Man darf sich aber ruhig die Frage stellen, warum es überhaupt so viele Abwandlungen dieses Namens gibt.

In Zeiten der meistens schreibunkundigen Reisenden versuchte man wohl lediglich das Gehörte weiterzugeben. Mehrmals wiederholt wurde es dann schriftlich fixiert. Wer als Kind stille Post gespielt hat, weiß, wie schnell und wie sehr sich die Wörter und Sätze dabei verändern können.

Schon alte Chronisten bevorzugten es, den Namen der Abtei und der Ortschaft auf die Anwesenheit von Schweinen in dieser Gegend zurückzuführen, daher setzte sich diese Deutung im kollektiven Bewusstsein fest.

Wer sich jedoch nicht mit dieser immer wiederkehrenden Etymologie des Namens Burtscheid begnügen möchte und weiter sucht, der findet zunächst viele Argumente gegen die »schweinische« Erklärung. Schon 1832 schrieb Christian Quix in seiner Abhandlung über die »historisch-topographische Beschreibung der Stadt Burtscheid«, dass diese Deutung nicht korrekt sei und auf Fehlern und Unkenntnis der Mundart basiert. Leider gelang aber auch ihm keine überzeugendere Begründung des Namens.

Die Interpretation eines Herrn Weitz aus dem ausgehenden 19. Jahrhundert, der die Bezeichnung Scheid auf Scheide, hier Wasserscheide, zurückführt, die die Wurm von dem Ponellenbach trennt, klingt verlockend. Im ersten Namensteil möchte er in der Silbe Burt und ehemals Port das aus dem althochdeutschen Por mutierte mittelhochdeutsche Bor wissen, welches Höhe bedeutet hat.

Also Hohe Scheide oder Höhenscheide? Wäre möglich. Stolz auf ihre Herkunft sind die Burtscheider gegenüber den Aachenern doch bis zum heutigen Tag, um hier an eine volkstümliche Redensart zu erinnern:

> »*Dat blänkt wie Botsched bovver Oche.*«
> Zu Hochdeutsch: »*Es blinkt, wie Burtscheid über Aachen.*«

Dass Burtscheid über Aachen strahle, soll angeblich auf der Tatsache beruhen, dass die goldene Kugel der Kirche St. Johann-Baptist den Aachener Dom noch überragt.

Und trotzdem, wenn man an Burtscheid denkt, kommen einem direkt die warmen Quellen in den Sinn, die nicht auf der Höhe, sondern gerade im Tal der Wurm seit Jahrhunderten sprudeln, Quellen, in denen schön die alten Römer …

Das Thermalwasser ist zweifelsohne das Argument sine qua non für die Bedeutung, die Burtscheid über die Jahrhunderte hinweg innehatte. Es ist jedoch nicht das Einzige, was den Ort ausmacht.

So richtig will man sich auch nicht darauf einigen, wer nach den Römern dieses feuchte und warme Element nutzte, das reichlich aus dem Boden des malerischen Wurmtals floss, umgeben von schützenden Hügeln. Da Ende des 10. Jahrhunderts die Reichsabtei Burtscheid gegründet worden ist, möchte man auch deren Anfang in wichtigen Ereignissen verwurzeln – oder zumindest mächtige Persönlichkeiten als Stifter benennen können.

Bei dem bereits erwähnten Quix heißt es:

> *»Vom H. Clodulf im 7. Jahrhundert gegründet, durch die Hinterlassenschaft dessen Sohnes Arnulf, und die Gaben des Maior Domus, Pipin (II.) und dessen Gattin Blectrud, erweitert, durch den Kaiser Otto I. im Jahre 947 bestätigt, durch Gregor, Sohn des griechischen Kaisers Nicephorus und Bruder der Kaiserin, Theophania, Gemahlin Otto's II., erneuert und von den folgenden Kaisern im deutschen Reiche mit Gütern, Freiheiten u. s. w. begabet …«*

Ach, wollen wir nicht alle von den Karolingern abstammen? Oder wie damals in herrscherlichen Kreisen nicht unüblich, die königliche Herkunft sogar bis zu einem der Apostel zurückverfolgen können? Allein die Vorstellung …!

Die Wirklichkeit war anders, jedoch nicht weniger spektakulär.

So gerne wir daran glauben würden, hatte die byzantinische Gattin Ottos II. nicht unbedingt Einfluss auf die Entstehung der Abtei gehabt, die dann erst von ihrem Sohn

Otto III. gegründet worden ist. Gregor aus Kalabrien wird wohl eher nicht mit dem Kaiser Nicephoros Phocas verwandt gewesen sein, geschweige denn sein Sohn. Eigentlich schade. Vielleicht fällt es nur dem Menschen leichter zu glauben, dass Großes nur von Großen geschaffen werden kann. Denn mit Gregor »fing Burtscheid an, bedeutender zu werden«.

Nicht nur die Abtei wuchs und florierte. Auch der Ort, später die Stadt, entwickelte sich prächtig. Als im 19. Jahrhundert die Industrie Einzug hielt, wurden Fabriken aus dem Boden gestampft: Tuch-, Nadel- und Maschinenfabriken und weitere prägten das Bild Burtscheids. Damit ging auch das Arbeiterelend einher, der arme Bruder der Industrialisierung, wie überall in dieser Zeit. Und daneben pflegte man weiterhin das Kur- und Badewesen.

Schlagartig erweiterte sich Burtscheid um einen großen Wohnbezirk, als in der zweiten Hälfte des 19. Jahrhunderts die Entstehung des Frankenberger Viertels beschlossen wurde. Mühsam wuchs daraufhin zusammen, was eigentlich bereits seit mehreren Jahrhunderten zusammen gehörte. Und trotzdem blieb in manchem Kopf, nein, nicht eine Mauer, sondern ein Viadukt als eine sichtbare Trennlinie zwischen den beiden Teilen Burtscheids.

Wir wollen uns nun einige Ereignisse aus Burtscheids Vergangenheit zu Gemüte führen und unsere Fantasie von Großartigem, wenn auch manchmal auf den ersten Blick etwas Unscheinbarem beflügeln lassen.

Kommen Sie mit auf den Spaziergang durch Burtscheid von damals und heute!

Blick von der Altdorfstraße auf die Abtei-Kirche St. Johann-Baptist; nach den Zerstörungen 1944 musste die Kirche wiederaufgebaut werden. (Quelle: Renata A. Thiele)

Gott ist auf ihrer Seite

Zwei Jahrhunderte hatte die Reichsabtei Burtscheid bereits bestanden und war durch viele Schenkungen und Privilegien groß und reich geworden. Einige Äbte hatten es tatsächlich verstanden, der Abtei zur Blüte zu verhelfen. Doch der Reichtum verdirbt bekanntlich schwache Charaktere. Und so hieß es, dass das zunehmend unfromme Leben der Benediktinermönche sie letztendlich an den Rand der Pleite getrieben hatte oder, wie die Quellen den Verfall beschreiben:

> *Gegen Ende des 12. Jahrhunderts waren die Finanzen der Abtei in einem solchen Zustand, daß sie nicht hinreichten, die Mitglieder derselben gehörig zu unterhalten. Sie gerieth endlich durch schwa-*

che Mönche, schlechte klösterliche Disziplin und vernachläßigte Verwaltung ihrer Güter so in Verfall, daß Erzbischof Engelbert von Köln, Graf von Berg und Verwalter der deutschen Länder während der Abwesenheit des Kaisers Friedrich II. im Jahre 1222 die in sehr gutem Rufe stehenden Nonnen auf dem Salvatorsberge mit Bewilligung des Abtes und der noch übrigen 4 Benediktiner-Mönche in die Abtei Burtscheid versetzte. (Kaltenbach)

Nun übernahmen die Frauen das Regiment, und zwar die Zisterzienserinnen von dem Konvent, der bis dato die unfreundliche, von kalten Winden umwehte Gegend des Salvatorberges im Norden von Aachen bewohnt hatten. Das Kloster verwandelte sich mit der Zeit zum adligen Damenstift, in welchem vor allem die Töchter des rheinischen und limburgischen Adels lebten. Sie bauten die Abtei aus, verliehen Braurechte, verpachteten die Thermalquellen, ließen einen großen Viehhof entstehen, kümmerten sich um die Tuchfabrikation und weitere Wirtschaftszweige. Dadurch wuchs beständig auch die Herrlichkeit Burtscheid mit.

Allerdings konnten die Äbtissinnen nicht in allen weltlichen Angelegenheiten schalten und walten. So stellten sie den Meier als Stiftsbeamten an, der das zivile Recht sprach, welches dann ein Statthalter zu vollziehen hatte. Der Vogt, der den Kaiser vertrat und in Kriminalfällen urteilte, wurde vom Herzog von Limburg ernannt. Zu seinen Pflichten gehörte ebenso der Schutz der Abtei. Die Vögte residierten auf der Burg Frankenberg, die als Wasserburg über dem feuchten Wiesengelände thronte. Die Limburger verliehen das Vogtrecht an die Grafen von Merode und später ging es an die Herzöge von Jülich. Nicht jeder von ihnen war ein sorgender Beschützer. Zu oft stach der Reichtum der Abtei so manchem Vogt ins Auge, so dass dieser seine Hand danach ausstreckte.

Ihr langes, strohgelbes Haar flatterte frei im Wind, als trüge dieses sie über die weiten Wiesen der väterlichen Güter, und nicht ihr Lieblingsschimmel. Sie galoppierte und lachte laut, befreit. Und ihr schien, als lachte sogar das Pferd mit. Ach, war der Tag schön! Der erste warme Tag des Jahres. Sie hatte ihre Begleitung längst abgehängt und weit hinter sich gelassen, entgegen den Warnungen ihres Vaters. Die Mutter hatte nur die Hände über dem Kopf zusammengeschlagen, als sie Mechtildis aufsitzen sah. Das Mädchen war bereits zu alt, um wie ein Junge durch die Gegend zu streunen. Ihre Brüder, das war etwas anderes. Sie hatten noch Zeit. Aber sie selbst sollte bald heiraten, ihre erste Periode lag schon ein Jahr zurück, sie war so weit. Auch der Ehemann war gefunden worden, der Graf von Arnsberg, dessen Frau nach dem dritten Kind im Kindbett verstorben war. Seine drei älteren Kinder waren kurz nach der Geburt gestorben. Der Mann brauchte eine neue, junge und starke Frau, die ihm Nachkommen gebären würde, die überlebten. Und reich war er auch. Das war Mechtildis Vater, dem Ritter und Freiherr von Weisweiler, am wichtigsten. Er wollte seine Tochter als Gräfin von Arnsberg sehen, wodurch auch sein Ansehen und politischer Einfluss steigen würden.

Mechtildis näherte sich einem kleinen Wäldchen, das aus der Niederung überraschend auftauchte. Das Gelände verlief steil ab und ihr Pferd stolperte, noch einmal und noch einmal, dann rutschte es und stolperte wieder. Die Reiterin stürzte und verlor das Bewusstsein. Ihr Pferd galoppierte erschrocken davon.

Dunkelheit. Stille. Nichts.

»Warum ist es so kalt?«

Sie kam wieder zu sich und öffnete die Augen. Es war spät geworden, die Sonne hing tief über dem Horizont und es wurde immer kühler. Mechtildis spürte, wie die Kälte unter ihre Kleider kroch, und es schüttelte sie. Vorsichtig bewegte sie ihre Hände, dann Beine, und setzte sich schließlich aufrecht hin. Alle Knochen taten ihr weh. Nach und nach kam die Erinnerung. Ihr Pferd war verschwunden. Ja, sie war geritten, dann …

Langsam stand sie auf und sah sich um. Noch etwas benommen, versuchte sie den Weg nach Hause zu finden. Sie entschloss sich, den Hügel hinaufzusteigen. Als sie jedoch oben angekommen war, erkannte sie, dass es die falsche Richtung war. Sie rutschte wieder hinab und kletterte mühsam den Hang zu ihrer Rechten hinauf. Auf einmal hörte sie die Erde leicht beben. Sie horchte hin, wollte sich ducken, unsichtbar machen, doch es war zu spät.

»Hohoho! Wen sehen wir denn da?« Einer der Männer brachte sein Pferd direkt vor ihrem Gesicht zum Stehen. Wie erbärmlich, dachte sie verärgert und erhob sich. Sie bedachte den Fremden mit keinem Blick, trotzdem stellte sie schnell fest, dass es ein Edler sein musste. Das Pferdegeschirr war kunstvoll gearbeitet und die Schuhe, in denen seine Beine steckten, waren aus teurem Leder gefertigt. Wenn sie auch von Angst erfüllt war, wollte sie es den Männern nicht zeigen.

»Und mutig ist sie auch.« Der junge Reiter, etwas älter als sie, sprang von seinem Pferd, näherte sich ihr und griff ihr mit der behandschuhten Hand unvermittelt unter das Kinn. Sie schlug sie weg, aber er war schneller und ergriff nun ihre Hand.

»Eher aufsässig!«, lachte sein Begleiter schmutzig.

»Mut gehört aber auch dazu.« Er zog sie an sich und grinste. »Nicht so hastig mein Täubchen.« Sein Atem roch nach Alkohol, er selbst nach säuerlichem Schweiß, wahrscheinlich hatte er sich lange nicht gewaschen. Alles in ihr lehnte sich gegen ihn auf. Ihr Widerwille entging ihm nicht, doch es schien ihn nicht zu stören. Mit einer Hand zog er sie noch näher an sich heran und mit der anderen packte er ihren Rock und schob ihn hoch.

»Unterlasst das. Sofort! Was denkt Ihr, wenn Ihr vor Euch habt?«, knurrte sie.

»Na, wen denn?« Er versuchte sie zu küssen, sie biss ihn in die Lippe. Er ohrfeigte sie – sie erschlaffte. Doch als er ihren Kopf hob, spuckte sie ihm ins Gesicht.

»Ich bin die Tochter von …« Aber er schloss ihr den Mund mit einem Handschuh. Seine Freunde saßen noch immer auf ihren Pferden, lachten und stachelten ihn an. Es machte ihnen Spaß, ihren Herrn im Kampf mit dem Mädchen zu beobachten. Sie wussten ja, wie dieses Spiel ausgehen würde. Mechtildis wusste das nicht. Noch nicht.

Sie gab sich nicht sofort geschlagen. Erst als ihre Kräfte nachgelassen hatten, als sie nicht einmal mehr den Arm zur Abwehr heben konnte und auch die Beine nicht mehr auf sie hörten, sank sie nieder und ergab sich ihrem Schicksal. Sie verstand, dass sie verloren hatte, und wollte nur noch sterben. Der Mann warf sie auf den Boden, kniete sich über sie und schob ihre Beine auseinander.

Spät in der Nacht, kam Mechtildis wieder zu sich. Es war dunkel um sie herum, so dass sie ihre Hand nicht vor den Augen sah. Voller Scham und Schmerz schwankte sie zwischen Wut, Groll und Selbstaufgabe. Etwas brach in ihr. Sie würde nie wieder lachen können, nie wieder sie sein. Welch ein Schmerz! Welch eine Schande!

»Welch eine Schande!«, schrie ihr Vater, als sie zurückgekommen war. Zu Fuß. Sie torkelte, als sie die Tür erreichte. Die Magd griff ihr unter den Arm und führte sie ins Haus. Mechtildis hatte nicht viel gesagt, aber ihre Mutter hatte die Situation verstanden und allen Bediensteten das Schweigen auferlegt.

»Davon wird niemand erfahren, keiner hat sie ja zurückkommen sehen«, sagte sie und versuchte zu retten, was nicht mehr zu retten war. »Es waren bestimmt Fremde, keiner wird sie gekannt haben.«

»Sei still, Weib. Es ist alles verloren. Das weißt du genauso gut wie ich. Ich kann sie nicht mehr dem Grafen zur Frau geben!« Er schlug mit den Fäusten auf den Tisch.

Die Weinbecher fielen krachend auf den Fußboden, der verschüttete Wein floss in dünnem rotem Rinnsal über die helle Holzfläche und tropfte den Bechern hinterher. In der Stille, die darauf folgte, hörte man jeden einzelnen Tropfen fallen.

»Dann gehe ich ins Kloster«, sagte Mechtildis leise.

Die Eltern sahen einander und dann ihre Tochter an.

»Nein! Ja! Nein! Ja!« kam durcheinander, und niemand wusste nachher, wer zuerst seine Zustimmung gegeben hatte, aber so wurde es beschlossen.

Mit fünfzehn Jahren kam Mechtildis in die mächtige Reichsabtei Burtscheid. Als sie die großen Gebäude auf dem Hügel über der Wurm erblickte, öffnete sie überwältigt den Mund. Sie spürte auf einmal, dass es so hatte kommen sollen, dass das ihr Schicksal war. Sie würde in dieser Abtei leben. Im Jahr 1321 betrat sie das Tor zu einer anderen Welt, einer Welt ohne Gewalt. So schien es ihr jedenfalls.

Die Äbtissin Elisabeth war edel und weise. Und sie war auch sehr tüchtige Geschäftsfrau. Mit strenger Hand führte sie die Abtei: Sie kaufte neue Güter, stritt unermüdlich mit allen, die sich der abteilichen Wälder bemächtigen wollten, vergab Rechte an Tuchmacher und begann mit dem Bau der neuen Abteikirche.

Mechtildis lernte von der klugen Frau und deren Nachfolgerinnen fleißig, und wenn sie abends in ihr schmales Bett fiel, dauerte es nicht lange, bis sie eingeschlafen war. Sie bat den lieben Gott, ihr zu vergeben, wenn sie ihr Gebet manchmal ein bisschen abgekürzt hatte. Und Er schien ihr die Vergebung zu gewähren. Den schicksalhaften Ausritt an diesem ersten Frühlingstag hatte sie längst vergessen.

Ein Viertel Jahrhundert später starb ihre Namensvetterin auf dem abteilichen Stuhl, die Äbtissin Mechtildis von Schönau. Mechtildis war überrascht, als man ihr angetragen hatte, die schwere Pflicht zu übernehmen. Sie wusste jedoch, dass sie im Stande war, dieser Abtei vorzustehen, die sie wie keine andere kannte, und sie nahm die Würde und Aufgabe voller Demut, aber auch Überzeugung an.

Eines Morgens platzte eine Magd in ihr Arbeitszimmer: »O Herrin! Es ist schon wieder passiert! Der neue Vogt hat unsere Bauern überfallen lassen und den Wein konfisziert, den sie in die Abtei einfahren sollten.«

Mechtildis biss die Zähne zusammen und ballte die Fäuste. Es war bereits das dritte Mal in diesem Jahr. Das durfte sie nicht mehr zulassen! Von den Verlusten der Abtei abgesehen, würde es ihrem Ansehen abträglich sein, wenn sie nichts unternähme. Der Vogt dachte wohl, sie sei noch nicht lange im Amt, da konnte er frech das Gesetz brechen und anstatt die Abtei zu beschützen, einen Teil ihrer Einnahmen mit Gewalt an sich bringen. Da hatte er die Rechnung ohne sie gemacht!

Sie überlegte, wie sie ihm gegenübertreten sollte. Sie könnte ihn unter einem Vorwand in die Abtei locken oder sich einfach auf den Weg auf die Burg machen und dort auf den Tisch hauen. Sie schnaubte, atmete tief durch und strich sich über die Kleider.

»Zunächst brauche ich frische Luft«, murmelte sie.

Als erstes ging sie zur Baustelle. Der Bau der Abteikirche wurde ohne Unterbrechungen fortgesetzt, nachdem ihre Vorgängerin damit begonnen hatte. Es sollte eine große, dreischiffige Kirche werden, mit einem Chorgestühl für die Nonnen. Sie freute sich schon, dort dem Gottesdienst beizuwohnen. Die Arbeiten waren fortgeschritten, bald würde die Kirche geweiht werden können. Der Glockenturm ragte bereits in die Höhe. Mechtildis betrat den großen Raum und sah zum Rippengewölbe hinauf, das hoch über ihrem Kopf den Himmel zu berühren schien. Sie seufzte, bekreuzigte sich und betete kurz. Ja, jetzt war sie bereit, dem Vogt zu begegnen.

»Achtung!«, rief jemand und sie sprang instinktiv zur Seite. Ein Stein kullerte vom Baugerüst.

»Ihr mögt bitte verzeihen!« Der Meister fiel ihr zu Füßen. »Der Trottel wird augenblicklich entlassen, Euer Gnaden.«

Äbtissin Mechtildis blickte zu dem im Staub liegenden Meister, dann nach oben und bemerkte einen Jungen, der blitzschnell vom Gerüst herunterkletterte. Auch dieser warf sich vor ihr auf den Boden.

»Warst du das?«

»Ja, Ehrwürdige Mutter.« Er nickte schuldbewusst. »Der Stein ist mir ausgerutscht.«

»Ist schon gut. Es ist ja nichts passiert.« Sie nahm den Stein in beide Hände und wog ihn. Schwer, dachte sie bei sich und warf ihn auf einen Haufen, auf dem weitere Steinbrocken gelagert wurden, um verbaut zu werden.

»Ihr braucht nicht mit Steinen nach mir zu werfen, Euer Gnaden«, lachte eine Stimme hinter ihr.

Sie drehte sich hastig um, ihres Amtes nicht ganz würdig, und blinzelte gegen die Sonne. Der Schatten, der zu ihr sprach und noch auf dem Pferd saß, setzte ab. Bevor sie sein Gesicht sehen konnte, erkannte sie ihn an seiner Stimme wieder. Seit damals waren über zwanzig Jahre vergangen und sie glaubte, sie hätte sie vergessen. Doch das hatte sie nicht. Ihren Körper durchfuhr ein Beben, als hätte sie Schüttelfrost. Ihre Kehle wurde plötzlich trocken und sie schluckte laut. Die Angst packte sie an der Gurgel, wie ein Dämon.

Der Mann verbeugte sich vor ihr mit übertriebener Höflichkeit.

»Erlaubt Euer Gnaden, dass ich mich vorstelle. Arnold von Frankenberg, der Vogt, Herrin. Seit neulich Euer Beschützer. Trotzdem hatten wir noch nicht das Vergnügen.«

O doch, dein Vergnügen hattest du, du Schurke, dachte die Äbtissin empört und spürte, wie ihre Wangen glühten. Entweder seine Erinnerung reichte nicht so weit zurück, oder Mechtildis war nur eine nicht nennenswerte Episode in seinem Leben, unwürdig, sich ihrer zu erinnern.

»Oh, habe ich Euch dermaßen beeindruckt, dass Ihr keine Worte der Begrüßung für mich findet? Dabei erzählt man überall von Eurer Sprachgewandtheit«, lächelte er sie an. Schelmisch. Nein, arrogant, provokant, dachte sie.

Sie fing sich und streckte ihm ihre Hand zum zeremoniellen Ringkuss entgegen.

»Mhm, nun.« Auf einmal blickte sie ihn forsch an. Nein, sie würde sich nicht unterkriegen lassen, beschloss sie. »Leider, mein Herr. Leider kann ich Euch nicht willkommen heißen.«

»Womit bin ich denn in Eure Ungnade gefallen, o ehrwürdige Mutter?«

»Ihr überfallt meine Untertanen und stehlt meine Güter«, sagte sie knapp und wandte ihr Gesicht von ihm ab.

»Das ist eine Verleumdung!«, empörte sich der Vogt und machte eine Handbewegung, als ob er zum Messer greifen würde, das hinter seinem Gürtel steckte. »Wer wagt, das zu behaupten?«

Gut gespielt, urteilte sie.

»Nicht doch! Bemüht Eure Waffen nicht, mein Herr. Für diese, wie Ihr sagt, Verleumdung, gibt es genug Beweise. Was mir allerdings noch mehr Sorgen macht, ist, wie könnt Ihr damit leben?« Sie hielt inne und, als er sie fragend ansah, setzte sie fort.

»Ein reicher Adliger, der die Güter der Schutzbefohlenen ausraubt, ist kein gutes Beispiel für seine Untertanen.«

Der Herr auf der Burg schnaubte und suchte nach einer passenden Antwort, doch die Äbtissin ließ ihm keine Gelegenheit dazu.

»Ihr verzeiht mir bitte, Graf von Frankenberg, ich habe zu tun. Wir in der Abtei müssen alle arbeiten. Sollte sich der Vorfall allerdings wiederholen, werde ich ihn Seiner Majestät, dem Kaiser, sowie dem Erzbischof vom Köln melden müssen.« Sie drehte sich um und ließ ihn stehen.

Die Bauarbeiter, die dem Gespräch gespannt gelauscht hatten, machten sie eifrig wieder an die Arbeit. So manchem von ihnen konnte man ein Grinsen anmerken. Sie waren stolz auf ihre Äbtissin und freuten sich über die Abfuhr, die sie dem bereits verhassten Vogt erteilt hatte. Barmherziger Gott! Dein Wille ist wahrhaft unergründlich. Werde ich jemals erfahren, warum Du diesen Schurken zum zweiten Mal auf meinen Weg gestellt hast? Lass es mich erfahren, o Herr, betete sie in Gedanken, als sie in die Abtei zurückeilte.

Eines Morgens, es war das Frühjahr im Jahre des Herrn 1350, verließ sie ihre klösterliche Zelle und begab sich mit allen anderen Nonnen zur Morgenandacht in die fertig gestellte Abteikirche. Sie knieten sich auf ihren Plätzen im nach frischem Holz duftenden Chorgestühl und, vertieft ins Gebet, bemerkten sie nicht sofort, dass die Kirchentür gewaltsam geöffnet wurde und mehrere bewaffnete Männer hereindrangen. Mit lauten Schritten bewegten sie sich auf den Altar zu, einer von ihnen griff im Vorbeigehen nach einem Kerzenleuchter.

Die Nonnen schreckten auf und scharten sich um die Äbtissin, doch eher, um Schutz bei ihr zu suchen, als sie selbst zu beschützen. Mechtildis beruhigte sie mit einer entschlossenen Geste, trat vor die im Stillen zitternden Frauen und stellte sich den Männern in den Weg.

»Keinen Schritt weiter!«, rief sie mit mächtiger Stimme und wunderte sich, als die Männer tatsächlich in ihren Bewegungen erstarrten. »Verlasst sofort das Haus Gottes!«

Der Vogt, denn der war es, der sie anführte, kam grinsend auf sie zu und sah ihr in die Augen. Er hob seine Hand, als wollte er sie berühren – und in demselben Augenblick erkannte er sie wieder. Mechtildis bemerkte es. Erst jetzt, du selbstverliebter Bock!, hätte sie ihm am liebsten ins Gesicht geschleudert.

»Ihr … du bist es …? Na das ist ja ein überraschendes Wiedersehen«, lachte er schmutzig auf. »War doch schön damals, oder?« Plötzlich beugte er sich zu ihrem Ohr und flüsterte laut. »Wollt Ihr uns etwa verbieten, mit Euch hier zu beten?«

Sein Geruch rief Erinnerungen wach, die sie mit solcher Mühe verdrängt hatte! Mechtildis' Magen zog sich vor Ekel zusammen. Jetzt war sie kein junges, unerfahrenes Mädchen mehr, sondern eine Frau, und obendrein Äbtissin. Sie trug eine große Verantwortung. Es schien ihre Kräfte zu übersteigen, der Angst Herrin zu werden, dennoch gelang es ihr schließlich, sich zusammenzureißen.

»Raus hier!« schrie sie beinahe hysterisch vor Wut und vor Angst. »Sofort! Ihr habt nun wahrlich jegliche Grenzen überschritten, an die sich Gläubige im Herrn nicht einmal herangewagt hätten. Ich warne Euch. Oder möchtet Ihr, dass ich Euer Gebaren mit dem Herzog, dem Erzbischof und dem päpstlichen Legaten in Köln bespreche?«

Der Vogt betrachtete sie und schien zu überlegen, dann gab er schließlich ein Zeichen, auf welches seine Männer, unzufrieden murmelnd, die Kirche nach und nach verließen. Die Nonnen blickten ihnen stumm, vor Angst erstarrt, hinterher.

»Meine lieben Schwestern, lasst uns beten, auf dass der Kaiser und Beschützer uns Hilfe gewährt. Wir stehen direkt unter dem Schutz Seiner Majestät. Ich werde Ihm schreiben.«

Und die Nonnen beteten. Sie beteten ganze Tage hindurch: während sie arbeiteten, während sie aßen und auch in den wenigen Augenblicken der Ruhe. Indessen kamen die Kaiser und gingen: Ludwig der Bayer, Karl der Luxemburger, beide beschäftigt mit Größerem, Wichtigerem. Nichtsdestotrotz hatten sie Abmahnungsbriefe an den Vogt geschrieben. Viel hatten diese allerdings nicht bewirkt. Die Kaiser waren weit weg, und der Vogt saß auf seiner Wasserburg, wenige Hundert Meter von der Abtei entfernt.

Die Äbtissin saß am Schreibtisch, las einen Brief und schüttelte immer wieder den Kopf. Das weiße, kalte Licht, das durch das Fenster drang, beleuchtete den Raum nicht ausreichend, also ließ sie Kerzen anzünden. Oder waren ihre Augen nicht mehr so gut wie früher? Die Kerzen hatten in letzter Zeit oft gebrannt, wenn sie länger gelesen hatte. Sie streckte ihren Arm aus und betrachtete die Hand. Ja, die braunen Flecken auf der Handoberfläche sah sie gut, aber wenn sie die Hand direkt vor ihr Gesicht hielt, sah sie sie nur verschwommen. Mechtildis lehnte sich zurück und zwinkerte ein paarmal. Sie sollte sich öfter entspannen. Doch die Arbeit wollte nicht warten, und jeden Tag gab es so viel zu tun. Der Vogt war wie ein Raubtier, stets darauf aus, in ihre Rechte einzugreifen. Dieses Kräftemessen erschöpfte sie. Ausgerechnet dieser Mann, der ihr damals, als sie noch so jung gewesen war, ihre Grenzen so brutal vor Augen geführt hatte, konnte es nicht lassen. Er musste sich und der Welt ständig beweisen, wie mächtig er war. Ja, körperlich war er Mechtildis als Frau weit überlegen. Aber nicht, was ihre geistige Kraft anging. Hier konnte sie dem Grafen die Stirn bieten. Doch wie lange noch?

Die Tür zu ihrem Arbeitszimmer wurde aufgerissen und eine der Mägde platzte ohne Ankündigung herein.

»O Herrin, verzeiht mir bitte, dass ich so hereinplatze«, schluchzte sie.

»Hör doch auf zu weinen, ich verstehe kein Wort.« Mechildis seufzte, stand auf und kam hinter dem Schreibtisch hervor.

Die Magd wischte sich mit ihrem Ärmel laut die Nase und schnappte nach Luft.

»Euer Gnaden, drei Männer sind heute Nacht in die Abtei eingedrungen …«

»Schon wieder der Vogt?!« Sie stampfte mit dem Fuß.

»Nein, es sind Flüchtige.«

»Haben sie etwas verbrochen?«

»Sie sagten Nein. Aber sie wurden trotzdem vom Meier von Robeytrath des Totschlags verdächtigt.«

»Und warum weinst du?«

»Einer von ihnen ist mein Verwandter. Deswegen habe ich überhaupt davon erfahren. Er ist aber unschuldig.« Sie schlug sich heftig auf die Brust. »Er würde niemandem Leid antun, glaubt mir, Herrin.«

»Wo befinden sie sich jetzt?«

»Sie haben Zuflucht in unserer Kirche gesucht. Der Meier hat sie aber holen und ins Gefängnis werfen lassen.«

»Ausgezeichnet.«

Die Magd wollte etwas einwenden, doch die Äbtissin ließ sie mit einer Handbewegung verstummen. Endlich konnte sie jemanden in die Schranken weisen, der schon lange sein Amt missbrauchte, und würde dabei noch drei Menschenleben retten. Diese Vorstellung gefiel ihr. Sie schmunzelte, als sie sich an den Schreibtisch setzte und einen Diener kommen ließ.

»Du nimmst dieses Schreiben hier …« Sie faltete und versiegelte den Brief. »… und bringst ihn zum Herrn von Robeytrath. Er soll morgen in die Abtei kommen, es gibt etwas zu besprechen. Etwas Dringendes und Wichtiges, sag ihm.«

Der Diener trollte sich, und sie lehnte sich zurück.

»Gelobt sei Jesus Christus.« Selbstsicher betrat der Meier den Empfangsraum der Abtei.

»In Ewigkeit. Amen«, entgegnete die Äbtissin mit ruhiger Stimme. Der Mann verbeugte sich leicht und küsste ihren Ring.

»Ehrwürdige Mutter. Was für eine Angelegenheit duldet keinen Aufschub?«

»Das wisst Ihr ganz genau.«

Der Meier hob fragend die Augenbrauen.

»Ihr habt drei Menschen, die bei mir Zuflucht gesucht hatten, entführen und verhaften lassen.«

»Das sind Mörder. Sie haben einen Bauern getötet und ihm eine Ladung Holz gestohlen, als er auf dem Weg zu Eurer Abtei war, um es abzuliefern. Das ist ein Frevel«, redete sich der Meier in Rage.

»Und wer soll das gesehen haben?«

»Es gehört zu meinen Pflichten …«, begann er zögernd.

»… die kirchliche Immunität zu verletzen? Sonst befleißigt Ihr Euch nicht, Kriminelle zu verfolgen. Was hat Euch dazu veranlasst, so gewaltsam meine Rechte zu verletzen? Habt Ihr den Vertrag unserer Abtei mit Aachen vergessen?« Sie blickte ihm fest in die Augen. Wenn er sich auch bemühte, so gelang es dem Meier nicht, ihrem Blick standzuhalten, und er begann nervös zu zwinkern.

»Wäre es nicht die Aufgabe des Vogtes, in Kriminalfällen zu entscheiden?«

»Ja, aber …«

»Ich höre.«

»Graf von Frankenberg hat mich gebeten …«

»Gebeten? Vielmehr geheißen.« Sie schmunzelte süffisant. »Ach so ist es. Er lässt mit Euren Händen seine Angelegenheiten regeln, welche Rechtsverletzungen damit auch verbunden sein sollten. Das ist ja prächtig. Ihr habt also gar keine Macht mehr, ja? Soll das etwa genau das bedeuten?!« Sie stand auf und sah grimmig zu ihm herab, so dass er reflexartig den Kopf einzog.

»Wie? Habt Ihr Angst vor mir? Das ist gut. Und, wie ich schlussfolgere, auch vor dem Vogt, nicht wahr? Ihr habt Angst vor ihm!«, konstatierte sie und setzte sich wieder. »Nun, Ihr werdet jetzt ganz schnell die drei lediglich Beschuldigten, also noch nicht Verurteilten aus dem Gefängnis entlassen und in die Abteiimmunität überführen. Vielen Dank, Herr von Robeytrath. Es kann nicht im Sinne des Stadtrates von Aachen sein, dass der Vogt gegen sie handelt. Und Ihr seid ja Vertreter der Stadt. Das ist alles.«

Sie gab ein Zeichen, dass das Gespräch beendet war. Als Herr von Robeytrath den Empfangsraum verlassen hatte, atmete die Äbtissin erleichtert auf. Sie hatte also noch nicht so sehr an Ansehen verloren, wie sie befürchtet hatte. Der Meier hatte sich zumindest für eine kurze Zeit einschüchtern lassen.

Nun blieb abzuwarten, wie der Vogt auf ihre Forderung reagieren würde. Sie begab sich in die Kapelle und betete lange, auf dass Gott ihr half, das Ende dieses ewigen Machtkampfes herbeizuführen.

Die Reaktion des Vogtes ließ nicht lange auf sich warten, war dieser doch bekannt für seine ungeduldige Natur. Noch am Abend desselben Tages erschien er vor den Toren der Abtei und begehrte Einlass. Er wurde sofort zur Äbtissin geführt.

»Euer Gnaden, Ihr überspannt den Bogen«, begann er ohne Begrüßung.

Die Äbtissin entgegnete nichts, sondern deutete mit dem Kopf, damit er ihr folgte. Er grunzte unzufrieden, tat es aber. Etwas Bestimmendes war in ihrer Erscheinung, was ihm früher wohl entgangen sein musste. Sie überquerten den Hof und gelangten vor die neue Abteikirche. Ein Diener öffnete die Tür und ließ die Äbtissin und den Vogt unter mehreren Verbeugungen hinein. Mechtildis steuerte die Turmtreppe an und bald erstiegen sie den hohen Kirchenturm, von dem aus sich ein herrlicher Blick auf die Gegend erstreckte. Im Süden sah man auf das Eifelgebirge, im Westen auf die Ardennen, im Norden waren die Kirchtürme von Aachen zu sehen, und im Osten – im Osten zeichnete sich die Burg des Vogtes Arnold von Frankenberg gegen den Horizont ab.

»Seht hin, mein Herr, da steht Eure Burg. Dort drüben erstrecken sich Eure Besitzungen. Ihr habt davon so viele angehäuft – und begehrt stets all das, was unserer Abtei gehört, was sie sich selbst erarbeitet hat. Das Amt des Vogtes ist eine Auszeichnung, die Ihr nicht zu würdigen wisst. Das scheint Euch nicht zu genügen. Wo soll das enden? Habt Ihr denn keine Gottesfurcht in Eurem Herzen?«

Die letzte Frage kostete sie enorme Kraft, aber sie musste sie stellen. Graf Arnold von Frankenberg blies die Lippen auf.

»Ihr habt keine Ahnung«, brummte er schließlich und winkte ab. »Nur deswegen habt Ihr mich hier heraufkommen lassen? Genießt diesen Anblick solange es geht!« Sein letzter Satz klang wie eine Drohung.

Die Äbtissin verspürte den großen Drang, diesen herzlosen Mann an den Armen zu packen, ihn zu schütteln, zur Demut zu ermahnen. Doch sie wandte sich lediglich von ihm ab und sah hinunter in den Hof. Das Blut in ihren Adern gefror. Ein fürchterlicher Gedanke schoss ihr durch den Kopf und er war so heftig, dass sie erzitterte. Mechtildis schloss die Augen und schickte ein Gebet in den Himmel.

Der Vogt trat indessen den Weg hinunter an. Er nahm die Stufen immer schneller und immer zwei oder drei auf einmal. Als er auf der halben Höhe des Turmes angekommen war, spürte er plötzlich auf seiner Schulter eine eiskalte Hand. Er drehte sich erstaunt um, hörte er doch keine Schritte hinter sich. Durch die plötzliche Bewegung verlor er das Gleichgewicht und polterte mehrere Stufen hinab.

Die Äbtissin vernahm seinen Schrei und sah zum Himmel hinauf. »Nein, das warst nicht Du, Herr. Oder?«, flüsterte sie. Der Himmel sandte ihr keine Antwort.

Auf der steilen Wendeltreppe mehrere Stufen unter ihr rumorte es weiter, doch die Stimme des Vogtes war nicht mehr zu überhören:

»Zur Hölle! Wie konntet Ihr es wagen?!« Zwischen einem Fluch und lautem Stöhnen versuchte er aufzustehen. Er zog sich an der Wand hoch und verscheuchte die Nonne, die gerade die Kerzen überprüfte und nun herbeieilte, um ihn beim Aufstehen zu stützen. »Geh weg, Weib!«

Die Äbtissin stieg herunter, und ein Seufzer der Erleichterung entfuhr ihr beim Anblick des Grafen, der sich die schmerzende Hüfte massierte. Sie dankte Gott, dass dem Grafen nichts Schlimmeres zugestoßen war.

»Was ist geschehen?«

»Wie konntet Ihr es wagen?«, wiederholte Graf Arnold.

»Ihr irrt, Graf Arnold. Ich habe nichts getan«, entgegnete Mechtildis mit ruhiger Stimme. »Ihr habt wohl zu schnell hinunter gewollt. Mir schien, als wäret Ihr auf der Flucht gewesen. Etwa vor mir? Oder vor Gottesstrafe?« Sie schmunzelte unmerklich.

Der Vogt grunzte, wollte etwas erwidern, dann besann er sich eines Besseren. Er schien den Wink des Schicksals verstanden zu haben – so schnell würde er den kalten Hauch, den er am Hinterkopf gespürt hatte, nicht vergessen. Es schien ihm, als wäre dieser direkt aus der Hölle gekommen.

Er ließ von der Abtei ab. Zwar nicht sofort, um sein Ansehen nicht komplett einzubüßen, aber die Lage entspannte sich allmählich, zumindest solange sie beide lebten: die Äbtissin Mechtlidis und er, der Vogt Graf Arnold von Frankenberg.

Eine Stunde später erschienen die drei Flüchtlinge vor den Toren der Abtei und wurden sofort hereingelassen.

Einmal mehr spürte die Äbtissin, dass Gott auf ihrer Seite war.

So oder so ähnlich könnte es sich zugetragen haben. Wie auch immer die Auseinandersetzung um die drei Entführten geendet hatte, ist diese Tat der Äbtissin in die Geschichte eingegangen. Ob der heilige Nikolaus, dessen

Ikone sich seit dem 12. Jahrhundert in der Burtscheider Abteikirche befindet, dabei seine Hände im Spiel gehabt hat, bleibt Spekulation. Eine der berühmtesten Legenden, die sich um den Heiligen ranken, erzählt von einem ähnlichen Fall. Aber das ist eine ganz andere Geschichte.

Die ständigen Rangeleien mit dem Vogt waren der Grund, warum Äbtissin Mechtildis von Bongard die Abtei schließlich in den Schutz der Reichsstadt Aachen stellte. Laut dem Vertrag von 1351 erhielt Aachen Gerichtsrechte über die Herrlichkeit Burtscheid unter Aufrechterhaltung der abteilichen Freiheiten. Seitdem wurde das Amt des Meiers von Aachen besetzt. Ausgenommen waren jedoch die Rechte der Äbtissin und des Konvents innerhalb der Klosterimmunität, sie blieb auch Grundherrin in Burtscheid. Damit waren die Probleme mit den Vögten leider nicht gelöst. Drei Jahrhunderte später, im Jahre 1649, erwarb die Äbtissin Henriette Raitz von Frentz die Vogteirechte.

Die Beziehungen zwischen den Vögten, Meiern und der Abtei Burtscheid wurden im Laufe der Zeit immer verzwickter, so dass ich sie den Mediävisten, Hobbyhistorikern und Heimatforschern überlasse.

Im historischen Abteitor befinden sich heute liebevoll eingerichtete Ferienwohnungen. (Quelle: Renata A. Thiele)

Nachts im Abteitor

Wie die ersten Gebäude der Abtei Burtscheid ausgesehen haben, vermag heutzutage niemand genau zu beschreiben. Als Otto III. wahrscheinlich im Jahr 997 aus dem weiten Kalabrien den heiligen Mann Gregor holte, ließ dieser erst einmal eine Kapelle bauen, die den heiligen Nikolaus und Apollinaris geweiht wurde. Sobald es den Mönchen finanziell besser ging, begannen sie die Abtei auszubauen – vor allem nach der größten Schenkung des Zehntbezirks, deren schriftliche Urkunde gleichzeitig das älteste Schriftstück im Aachener Stadtarchiv darstellt. Heinrich II. begünstigte 1018 die Reichsabtei mit Gebieten, deren Grenzen der späteren Stadt Burtscheid entsprechen sollten. Dieser Großzügigkeit wollten die späteren Kaiser in nichts nachstehen, und so mehrte sich der Reichtum der Abtei, die als reichsunmittelbare nur dem Kaiser selbst unterstand. Die Benediktinermönche wirtschafteten, zumindest am Anfang, erfolgreich. Leider war deren Einsatzbereitschaft kontinuierlich gesunken, das feudale Klosterleben hatte sie ihre Pflichten vergessen lassen. Anfang des 13. Jahrhunderts gab die Abtei ein beschämendes Zeugnis des Verfalls ab. Die Regeln des klösterlichen Lebens des heiligen Benediktus – ora et labora – gerieten weitgehend in Vergessenheit. Der Kölner Erzbischof Engelbert I. von Köln war not amused, der Kaiser Friedrich II. noch weniger: Man hatte kurzen Prozess gemacht und die Abtei dem Konvent der Zisterzienserinnen vom Salvatorkloster im Norden Aachens anvertraut. Der bisherige Abt und seine vier Mitbrüder, die da noch geblieben waren, durften jedoch, mit einer kleinen Rente ausgestattet, in der Nähe der Nikolauskapelle wohnen. Hauptsache, sie störten nicht bei dem Wiederaufbau.

Als den Aachener Protestanten im Zuge der Gegenreformation nach und nach die wirtschaftliche Existenzgrundlage entzogen worden war, wanderten viele mit ihren Gewerben in die nähere Umgebung aus. Auch die kluge Äbtissin erlaubte ihnen die Niederlassung innerhalb ihres Herrschaftsgebietes. Tuchfabrikanten, Kupferschläger und andere nutzten die günstige Entwicklung, waren sie hier doch keinem Zunftzwang unterworfen. Burtscheid als Ortschaft blühte zu guter Letzt auch dank ihrer Arbeitsamkeit auf. Es wurde viel im Ort gebaut, aber auch die Abtei wurde erweitert und umgebaut. Im Stile der damals herrschenden maasländischen Renaissance verlieh man der Abtei ein neues, prachtvolleres Aussehen.

Nach der Auflösung der Abtei 1802 während der napoleonischen Besatzung wurden alle abteilichen Gebäude veräußert. Die meisten Stiftsdamen erhielten eine Rente und kehrten zu ihren Familien zurück – bis auf zwei, denen man die Unterkunft im Abteitor zur Verfügung stellte. Dort wohnten sie bis zu ihrem Tod. Sie stellten Salben her und halfen den Bedürftigen im Ort. Zwei gute alte Seelen, Relikte aus einer Epoche, die unwiederbringlich abgeschlossen war. Da sie sich sehr gut mit Kräutern auskannten, waren sie bei allen beliebt. Solange beide lebten, hörte man sie oft lachen. Doch als die erste 1829 verstarb, schien die Lebenslust die andere verlassen zu haben. Die letzte Nonne der Reichsabtei Burtscheid segnete im Jahr darauf das Zeitliche. Man fand ihren mageren Körper in einem kleinen Bett, in dem sie wohl aus dem Schlaf nicht mehr erwacht war.

Nach ihrem Ableben wurde hin und wieder ein helles Wölkchen gesichtet, das durch die Flure des Abteitors huschte. Manche behaupteten, deren zwei gesehen zu haben.

Horst stellte den Motor ab und vergewisserte sich, dass die Handbremse gezogen war.

»Schau, Ulrike! Wie schön es hier doch ist. Das alte Gemäuer, die kleinen Fenster. Ich bin gespannt, wie die Zimmer aussehen.«

»Mhm«, murmelte Horsts Freundin, um ihm nicht sofort ihren ganzen Unmut ins Gesicht zu schleudern. Warum hatte er sie bloß hierhin verschleppt? Andererseits, warum hatte sie sich hierhin verschleppen lassen?

Ihre Verstimmung war ihm nicht entgangen, doch er ließ sich nicht so leicht entmutigen. Er war fest davon überzeugt, dass es ihr hier schon gefallen würde. Burtscheid war ja so hübsch: die beiden Kirchen und dann noch die Frankenburg. Wann war er hier zum letzten Mal gewesen? Oh, da hatte er noch studiert. Dreißig Jahre war das her. Nicht zu glauben. Seine Idee, hierher zu kommen, fand er genial. Er würde Ulrike die Stadt seiner Jugend, seiner Studienzeit zeigen. Vielleicht würde sie auf bessere Gedanken kommen. Sie war in der letzten Zeit so merkwürdig still geworden. Und wenn er sie gefragt hatte, ob ihr etwas fehlte, war sie ihm stets ausgewichen.

Horst nahm ihre beiden Reisekoffer und marschierte frohgemut zur Rezeption. Ulrike indessen ließ sich Zeit. Sie schloss das Auto ab und wickelte sich den Wollschal um die Schultern. Es zog ein wenig auf der Anhöhe. Irgendwo plätscherte Wasser. Sie sah sich um und bemerkte einen kleinen Brunnen an der Wand unterhalb einer Kirche. Aus dem Maul eines Delfins oder eines märchenhaften Meereswesens sprühte Wasser in einem dünnen Strahl. An der Wand hing eine Tafel, auf der stand, dass der Brunnen zweimal versetzt worden war. Versetzt, ein ganz und gar hässliches Wort, erinnerte es sie an die Männer, die sie in der Vergangenheit mehrmals versetzt, bevor sie mit ihr Schluss gemacht hatten. Wie eine alte Puppe hatten sie sie behandelt, eine, mit der man spielte und sie dann wegwarf, wenn sie einen langweilte. Es war sowieso nur ihr Körper, der die Männer interessierte. Sie war attraktiv, langbeinig, hatte kein Gramm Fett zu viel, langes blondes Haar und intensiv blaue Augen. Was wollte ein Mann mehr, wenn ihm all das gehörte. Einen Verstand? Ach was! Wozu sollte denn der Verstand bei einer Frau gut sein? Nachdem ihre letzte Beziehung gescheitert war, hatte Ulrike beschlossen, Single zu bleiben. Bis sie vor einigen Monaten Horst kennengelernt hatte. Er benahm sich ganz anders als seine Vorgänger. Allerdings wurde sie aus ihm auch nicht ganz schlau. Er schien sie nicht so sehr zu begehren, wie sie es gewohnt war. Er zog sie nicht mit seinen Blicken aus, wie es die Anderen getan hatten. Er umarmte sie hin und wieder herzlich.

Eben: herzlich. Ja, Sex hatten sie, der war aber irgendwie anders. Es fehlte dabei an Feuer, es knisterte nicht so wie früher … Vielleicht liebte er sie nicht wirklich, und sie war wieder nur seine ständige Begleitung, weil sie hübsch war. Dass man sich mit Ulrike über vieles unterhalten konnte, hatte Horst allerdings erkannt, und er hatte ihre Meinung zu schätzen gelernt. Das war neu und hatte sie letztendlich davon abgehalten, schon nach den ersten paar Treffen Schluss mit ihm zu machen. Sie gab ihm noch eine Chance, wenn sie auch nicht ganz von der Sache überzeugt war.

»Aufhören mit den dummen Gedanken«, schalt sie sich, als sie den niedrigen Eingang zum Abteitor betrat.

Horst hatte bereits alle Formalitäten erledigt und packte in ihrem Appartement die Koffer aus. Ulrike stieg die schmale Treppe hinauf und wunderte sich, dass dieses kleine Gebäude doch viel mehr Platz bot, als es von Außen den Eindruck machte. Immer wenn sie ein altes Gemäuer betrat, fühlte sie sich in die Vergangenheit versetzt, wie Alice im Wunderland, wenn sie hinter den Spiegel trat. Ulrike erwartete, dass ihr gleich eine in historische Gewänder gekleidete Magd entgegenkam und sie altmodisch begrüßte. Denn sie selbst sah sich stets als das Fräulein auf der Burg. Doch sie begegnete niemandem. Obwohl … Ihr kam es vor, als hörte sie leise Tritte auf der Treppe über sich.

»Hallo?« Stille. »Hallo? Bis du es, Horst?« Und wieder keine Antwort.

»Hier bin ich«, hörte sie endlich Horsts fröhliche Stimme aus dem Appartement. »Komm rein. Die Zimmer sind fantastisch.«

Ulrike betrat den Raum und staunte über die Einrichtung.

»Wow! Das sieht ja toll aus. Und dazu noch so, so stilvoll.«

»Und ein bisschen altmodisch, nicht wahr?« Horst umarmte sie und küsste sanft ihren Nacken. »Altmodisch wie ich, nicht wahr?«, wollte er wissen.

Ulrike antwortete nicht, sondern drehte sich zu ihm um und küsste ihn auf den Mund. Nein, seine Hände wanderten nicht ihren Körper hinunter, um ihren Rock zu heben. Sie torkelten auch nicht umarmt und sich ununterbrochen küssend ins Schlafzimmer, und hatten auch keinen wilden Sex. Nein. Sie küssten sich, und das war es. Schließlich löste Horst sich von ihr: »Komm lass uns zuerst die Sachen auspacken, dann wollen wir schön essen gehen und dann …« Er hob vielsagend die Augenbrauen, zweimal wie immer, aber sie versprach sich nicht viel an diesem Abend. Wieder im Appartement würde er ins Bett fallen und sofort einschlafen. Sie kannte den Ablauf nur zu gut. Es war, als wären sie seit Jahrzehnten verheiratet. Dabei waren sie erst sechs Monate zusammen. Ulrike, einundvierzig, und Horst, fünfzehn Jahre älter, hatten sich im Internet kennengelernt. In einem dieser Foren, wo man eben Leute kennenlernen konnte. Anfangs war sie skeptisch gewesen, hatte sie die letzten unangenehmen Begegnungen noch gut in Erinnerung gehabt. Aber er war so voller Begeisterung, interessant und interessiert. Vor zehn Jahren verwitwet, hatte schon die Hoffnung aufgegeben, je wieder eine Frau in sein Leben hereinzulassen, sie zu lieben. Das hatte er gesagt.

Wie nicht anders zu erwarten, war dieser Abend ohne besondere Vorkommnisse, weder intellektueller noch sexueller Natur, zu Ende gegangen. Ulrike seufzte, sah ihren Freund an und schmunzelte. Er schlief bereits neben ihr und über seinem Gesicht lag ein seliges Lächeln. Es fehlte nur noch ein zufriedenes Schmatzen. Sie schaltete die Nachttischlampe aus und sank unter die warme Decke.

Auf dieser Seite drang lediglich ein schwacher Schein der Straßenlaterne ins Schlafzimmer, trotzdem kam es Ulrike so vor, als bemerkte sie ein hellblaues Licht, das sich durch den Raum bewegte. Sie beobachtete fasziniert, wie etwas wie eine Sternschnuppe zu tänzeln begann und, gleich einer Ballerina, Pirouetten drehte. Dabei streute es glitzernden Staub. Nach ein paar Umdrehungen verschwand die Erscheinung.

»Übernachtung – netter kleiner Geist inklusive«, dachte Ulrike amüsiert und gähnte ausgiebig, bevor sie einschlief.

Sie schlief sehr gut, zum ersten Mal seit langem. Auch Horst stand erholt auf und machte sich in der Küche munter an die Espressomaschine. Dabei pfiff er fröhlich, was so gar nicht zu einem Morgenmuffel wie ihm passte.

Sie schlich leise in die Küche und legte ihm die Arme um die Hüften. Horst hielt inne, dann streichelte er mit einem Finger ihre Hand. Als sie dachte, er würde wieder ihre Hände ablegen, drehte er sich blitzartig zu ihr um, hob sie hoch und trug Ulrike ins Schlafzimmer zurück.

Sie liebten sich leidenschaftlich wie noch nie. Ulrike staunte über Horsts Verwandlung, und wollte nur, dass das nicht aufhörte. Er liebkoste ihre Brust, ihren Bauch und Ulrike durchfuhr ein wollüstiges Zittern …

»Gut, dass wir hier für eine Woche gebucht haben. Sieh nach draußen, es wird langsam wieder dunkel«, sagte Horst danach und grinste breit.

»Mhm.« Ulrike gab sich gespielt distanziert. »Und ich bin gespannt, ob sich der Traum von eben wiederholt.«

»Sehen wir mal. Aber vorher müssen wir etwas essen. Sonst ist der Traum schnell ausgeträumt. Ich habe einen Bärenhunger!« Und Horst sprang aus dem Bett, energisch wie ein junger Gott. Sie schüttelte schmunzelnd den Kopf und rutschte zurück unter die Decke. Ein paar Minuten im warmen Bett, während er duschte, würden ihr gut tun.

Der Abend war längst hereingebrochen und es herrschte Dunkelheit im Schlafzimmer, als Ulrike wieder die Augen öffnete. Horst war nicht da. Wie spät war es denn überhaupt? Sie wollte gerade aufstehen, als das hellblaue Lichtwölkchen wieder durch den Raum tänzelte. Sie konnte schwören, dass sie diesmal auch Gekicher hörte, als noch ein anderes Lichtwölkchen erschien. Beide drehten Tanzfiguren. Ulrike blinzelte ein paarmal, aber die Lichter verschwanden nicht. Es schien ihr, als sprächen die beiden Wolken miteinander. Und sie streuten wieder die silbernen und goldenen Funken in den Raum.

»Siehst du, wie glücklich sie ist? Ich habe es dir gesagt«, kicherte eines der Wölkchen.

»Ja, meine Liebe. Du hast ja so recht. Gut, dass du den Kräuterstaub immer noch aufbewahrst. Lass uns noch etwas verstreuen.«

»Heute nicht mehr. Für heute haben sie genug davon bekommen, he, he, he!« Ich werde verrückt, dachte Ulrike.

»Hallo Schatz«, rief Horst von der Tür herüber und die Wölkchen verschwanden blitzschnell.

»Hallo«, rief sie zurück und sprang aus dem Bett.

»Ich habe eingekauft«, sagte ihr Freund freudestrahlend und holte ein Baguette, zwei kleine Päckchen mit Aufschnitt,

Eier – und eine Flasche Rotwein aus einer Einkaufstüte heraus. »Und diesen habe ich im Frankenberger Viertel gekauft. Lecker! Ach, war das ein sentimental Journey durch die alten Straßen und Ecken. Morgen gehen wir dort in ein Restaurant. Hab schon einen Tisch bestellt.«

Ulrike sah Horst prüfend an und stellte die Pfanne auf den Herd, um Rühreier zu machen. »Und was hast du sonst noch unterwegs genommen, geraucht vielleicht?«

Er sah sie verdutzt an, überlegte kurz und lachte unsicher auf: »Aber nein! Das waren alte Zeiten. Und sie waren toll. Heute brauche ich den Rausch nicht. Nicht mehr.« Er küsste sie auf die Stirn. »So! Lass uns essen.«

»Was möchtest du mir in deiner Lieblingsstadt zeigen? Wo gehen wir morgen hin?«

»Zuerst zeige ich dir Burtscheid, die Abtei, den Markt und den Marktbrunnen mit dem heißen Wasser.«

»Ist das Wasser wirklich so heiß, wie du mir einmal erzähltest? Kann ich dort Eier kochen?«, fragte Ulrike, zerschlug laut das erste Ei am Rand der Bratpfanne, ließ es hineingleiten und griff nach dem nächsten. Horst schnappte nach Luft und beschloss, sich lieber der Weinflasche zu widmen. Zuerst musste er jedoch einen Flaschenöffner finden.

»Nein, in dieser Quelle nicht. Die heißeste ist nicht frei zugänglich. Aber auch die ist nicht ohne. Du musst natürlich auch die beiden Kirchen sehen, die Reste der Abtei und …«

Ulrike gähnte verstohlen, was Horst jedoch nicht entging.

»Na gut«, sagte er und setzte den Flaschenöffner an. »Den Viadukt musst du aber sehen und selbstverständlich die Frankenburg.«

Es ploppte. Horst schnupperte am Weinkorken und lächelte zufrieden.

»Ist sie alt? Spukt es dort?« Sie rührte mit sicherer Bewegung die Eier. Plötzlich hielt sie inne, nahm zwei Schalenhälften in die Hände, legte sie sich an die Augen und drehte sich zu Horst um. Dabei versuchte sie, furchterregende Geräusche von sich zu geben, was ihr jedoch gründlich misslang. Er prustete reflexartig, beherrschte sich aber und antwortete sachlich: »Nein, leider nicht. Sie wurde komplett saniert, und ich glaube, die alten Geister wurden einfach wegrestauriert.«

Schade, dachte Ulrike, freute sich aber trotzdem auf Burtscheid und den Abend im Frankenberger Viertel, in der Stadt ihres nicht mehr so jungen Freundes, der aber heute seine Lebenslust wiederentdeckt zu haben schien.

»Und was ist mit der Altstadt und dem Aachener Dom?«, fragte Ulrike.

»Nach Aachen gehen wir übermorgen«, entgegnete er kurz.

Sie lag bereits im Bett und döste, während Horst noch irgendetwas Dringendes im Wohnzimmer zu erledigen hatte.

»Hast du sie gestern Nacht gesehen?« hörte sie auf einmal. Ein Wölkchen huschte unter dem Sessel hervor, gefolgt von dem anderen. Ulrike rutschte tiefer unter die Decke und betrachtete die zwei Erscheinungen immer noch erstaunt, wenn sie dabei auch eine Art Vertrautheit spürte.

»Aber natürlich«, entgegnete das andere Wölkchen leise.

»Warum bist du so traurig?«

»Ach! Das habe ich niemandem in der Abtei erzählt. Ich war auch einmal sehr verliebt. Einen Bauernsohn durfte ich aber nicht heiraten. Ich habe viel geweint und gebetet, doch es hat nicht geholfen. Und dann haben mir meine Eltern mitgeteilt, dass ich in dieses Kloster eintreten werde. Es war wohl mein Schicksal, Unserem Herrn zu dienen. Deswegen habe ich später immerzu Liebenden geholfen und sie getröstet. Vor allem, wenn ihre Eltern in die Heirat nicht einwilligen wollten. Oder wenn ich merkte, dass ihre Liebe nachgelassen hat.«

»Schon damals hast du deine geheimen Pülverchen und Salben gemischt, die nur du verwenden durftest. Du bist ja eine …«, das Wölkchen suchte nach dem richtigen Wort.

»Eine Liebeshexe.« Es kicherte vergnügt.

Das andere Wölkchen nickte und tänzelte langsam, melancholisch.

»Lass uns gehen. Die hier brauchen meine Hilfe nicht mehr.«

»Du hast ja so recht, la-la-la!« Das andere machte eine Pirouette und entschwebte.

»Liebeshexe! Das ist so lustig.«

Ulrike rieb sich die Augen, klopfte an den Ohren und war sich immer noch nicht sicher, ob sie träumte oder nicht. Merkwürdige Dinge passierten in diesem Hotel, diesem Tor zu einer Abtei, die es nicht mehr gab.

»Schläfst du schon?«

Horst kam ans Bett und kniete sich davor hin. Seine feierliche Miene ließ Ulrike aufhorchen. Sie setzte sich auf und als sie aufstehen wollte, legte er ihr eine Hand auf den Arm und deutete mit dem Kopf, dass sie sitzen bleiben sollte. Sie hielt inne und betrachtete ihren Freund voller Spannung.

»Möchtest du … eh …?« Er fummelte hektisch in seiner Hosentasche.

Ulrike betrachtete ihren Freund überrascht und wartete. Sie schien zu ahnen, was er vorhatte, aber ganz sicher war sie sich nicht. Horst kramte weiter, seine Augen wurden immer größer. Plötzlich erhellte sich sein Gesicht:

»Also noch einmal von vorne: Möchtest du meine Frau werden?«

Sie antwortete nicht, sondern küsste ihn auf die Stirn, auf die Nase und schließlich warf sie sich ihm um den Hals. Das kleine Schächtelchen, das er endlich herauskramte und zu öffnen versuchte, rutschte ihm aus der zitternden Hand und ging auf. Es gelang ihm jedoch den kullernden Ring aufzufangen und setzte ihn Ulrike schnell an den Finger.

»Ja, ja, ja! Das will ich unbedingt!«, hauchte sie leise in sein Ohr und ihr Atem war heiß. Als er sie in die Arme schloss, vernahm sie ein Flüstern: »Und wer schaltet das Licht aus?«, kicherte eines der Wölkchen, bevor beide blitzschnell verschwanden.

Mitte des 19. Jahrhunderts brach in Burtscheid eine Choleraepidemie aus und Franziska Schervier, Tochter eines Aachener Nadelfabrikanten und Gründerin der Ordensgemeinschaft Arme Schwestern vom Heiligen Franziskus, nutzte das Abteitor als Spital. Ob sie damals schon den hellblau leuchtenden Seelen der zwei Nonnen dort begegnen konnte, darüber schweigen die Chroniken.

Es gibt Quellen, die besagen, dass es sich bei diesem Tor nicht um das Abteitor, sondern um das Untertor der Burtscheider Schutzmauer handele. Solange sich die Wissenschaft nicht einigen kann, bleibe ich beim Abteitor. Anfang des 20. Jahrhunderts wurde dort sogar ein Wirtshaus betrieben. Der Vorname des Inhabers gab dem Tor seinen zweiten Namen: Jonastor. Bei dem Bombenangriff auf Burtscheid 1944 brannte das Abteitor vollständig aus und wurde 1951 komplett restauriert. In den Jahren 2013 und 2014 wurde es unter Einhaltung des Denkmalschutzes saniert. Heute befinden sich dort hübsche Ferienwohnungen, nach Themen eingerichtet, die ihren Ursprung in der Geschichte von Burtscheid und Aachen haben.

Heiliger Gregor von Kalabrien vor der Kirche St. Michael, links; *Heiliger Nikolaus, Mosaik-Ikone aus dem 10. Jahrhundert,* rechts. *(Quelle: Renata A. Thiele)*

Geburtswehen sind nichts für heilige Männer

Zwei Heilige bestimmen das Bild von Burtscheid: der Gründer der Abtei, Gregor von Kalabrien, von dem wir nicht allzu viel wissen, und der heilige Nikolaus, dessen Bildnis – eine Ikone – irgendjemand irgendwann, wahrscheinlich Anfang des 13. Jahrhunderts, nach Burtscheid mitgebracht hat. Viele Fragezeichen ergeben sich aus dieser kurzen Einführung.

Wer heute den Michaelsberg hinaufgeht und die Kirche St. Michael erreicht, begegnet der bronzenen Figur des heiligen Gregors, der einen, gebeugt von der Last der Verantwortung und des Alters, zu segnen scheint. Mit fast sechzig oder gar siebzig Jahren – also bereits zwei Jahre nach der Abteigründung – war er verstorben. Mit seinem traurigen oder vielleicht leidenden Gesichtsausdruck hat der Bildhauer Bonifatius Stirnberg wohl den Eindruck erwecken wollen, dass auch Gregor – obwohl so beharrlich der Bequemlichkeiten des irdischen Lebens entsagend, sich schwer mit dem rauen Klima in unseren geografischen Breiten getan haben muss, so weit weg von seinem warmen Kalabrien. (Was auch eine Art Buße hätte sein können.)

So manch mutiger Forscher behauptet, dass Gregor nicht mit leeren Händen nach Burtscheid gekommen war, sondern mit der Ikone den heiligen Nikolaus im Gepäck. Diese faszinierende Theorie wurde zwar widerlegt, andererseits war damals eine Abtei- oder auch Kirchengründung doch immer mit einer Reliquienschenkung verbunden. Sollte es in unserem Fall anders gewesen sein? Anstelle von Reliquien waren es in hier jedoch Schenkungen in Form von Gütern, die zum Unterhalt der Abtei beitragen sollten.

Schön wäre die Vorstellung, dass Kaiserin Theophanu, die Gattin Ottos II. in ihrer byzantinischen Mitgift das eine oder andere Bildnis mitgebracht hätte, wollte sie sich doch ohne ihre Lieblingsheiligen Pantaleon und Nikolaus partout nicht auf eine weite Reise machen. Dass sich die Nikolaus-Ikone in ihrem Gepäck befunden haben könnte, bleibt eine romantische Vorstellung ohne jedweden historischen Beweis.

Nikolaus lebte im 3. und 4. Jahrhundert im byzantinischen Myra. Sein Hab und Gut soll er unter Armen verteilt haben und wirkte später als Bischof in seiner Heimatstadt. Während der Christenverfolgungen wurde er gefangengenommen und gefoltert. Viele Legenden ranken sich um ihn. Die bekannteste ist wohl die von den drei Töchtern eines armen Mannes. Da dieser nicht genug Geld für ihre Mitgift hatte, wollte er sie zur Prostitution freigeben. Als Nikolaus davon erfuhr, warf er nachts Goldklumpen durch die Fenster in die Zimmer der Mädchen. Daraus wurde, allerdings viel später, unsere nächtliche Nikolaus-Bescherung am 6. Dezember.

Die Nikolaus-Verehrung erreichte Westeuropa tatsächlich bereits zusammen mit Kaiserin Theophanu. Doch seine Reliquien fanden diesen Weg erst zwei Jahrhunderte später. Im Jahre 1087 nach der Evakuierung von Myra vor der Eroberung der Stadt durch Seldschuken entnahmen süditalienische Kaufleute kurzerhand die Reliquien aus der Grabstätte des Heiligen und überführten sie nach Bari. Bis heute kann man sie dort in der Basilika San Nicola verehren. Unsere Ikone hingegen fand etwa dreihundert Jahre später in Burtscheid ihre endgültige Verehrungsstätte.

Nikolaus' Bildnis soll bei Niederkunft helfen. Alte Schriften erzählen, dass die Burtscheider Ikone einmal in das Zimmer gebracht wurde, in dem eine sittsame, also anständige Frau, gebären sollte. Als die Wehen einsetzten, soll sich das Bild von selbst umgedreht haben. Ja, viele Männer können es einfach nicht mit ansehen, wenn Frauen unter starken Schmerzen Babys bekommen – man mag das interpretieren, wie es einem gefällt. Die Anwesenheit des heiligen Mannes, wenn auch in dieser – künstlerischen – Gestalt, soll nun Wunder bewirkt haben. Das glaubte man jedenfalls, denn die Ikone war seitdem noch lange Zeit bei Gebärenden sehr begehrt.

Die Tür zur Kirche St. Johann-Baptist knarrte laut. Martin erschrak und blieb verunsichert am Eingang stehen. Um diese Tageszeit war das Gotteshaus leer. In der absoluten Stille schien ihm, als hörte er seinen eigenen Herzschlag. Unheimlich. Doch er musste zum Pfarrer. Seine Frau Johanna würde heute Nacht – das hatte die Hebamme ausgerechnet – ihr Kind bekommen, ihr erstes Kind. Beide hatten große Angst vor dem Ereignis. Da fanden sie es angebracht, sich der Unterstützung des heiligen Nikolaus zu versichern. Es war üblich dafür einen Obolus zu entrichten, Martin drückte seinen Geldbeutel mit ein paar Münzen fest an den Körper.

»Gelobt sei Jesus Christus«, hauchte er und verbeugte sich, als er den Pfarrer erblickte, der gerade die Sakristei verließ.

»In Ewigkeit, Amen. Was suchst du hier zu dieser späten Stunde, Martin?«

»Meine Frau liegt in Wehen. Wir brauchen ...«

»Ja, ich ahne, was ihr braucht. Du kommst zu spät. Die Schwiegertochter des geschätzten Herrn Cramer wird ebenfalls diese Nacht entbinden, und sein Sohn hat bereits das Bildnis des heiligen Nikolaus gewissermaßen ... für sie zurückstellen lassen«, entgegnete der Kirchenmann. Dass er von dem reichen Cramer dafür eine nicht geringe Spende erhalten hatte, fand er nicht notwendig zu erwähnen. Martin hätte eine solche Summe nie aufbringen können. Außerdem hatten Cramers das Bild des Heiligen mehrere Tage im Voraus reserviert, da der Zeitpunkt der Geburt schwer auszumachen war. Ihre Hebamme wollte oder konnte sich nicht festlegen, nachdem sie die letzte Untersuchung durchgeführt hatte.

Martins Gesicht verfinsterte sich. Das war abzusehen, die Hilfe des Heiligen sollte also nur die Reichen erreichen.

»Der Heilige hilft auch den Kleinen. Vergiss das nicht – und bete. Gott wird das schon richten.«

Martin ergriff eine überwältigende Furcht vor dem Kirchenmann, denn dieser schien in seinen Gedanken zu lesen. Er bekreuzigte sich und verließ unverrichteter Dinge die Kirche.

Der Pfarrer kehrte in die Sakristei zurück, ging an die Ikone und streifte mit dem Finger vorsichtig über das Bildnis. An den Rändern war das Mosaik schmutzig geworden von der Berührung der vielen vor Furcht feuchten Hände. Zwei Mosaiksteinchen hatte er vor einer Woche wieder festkleben lassen, aber schon bald würden sich die nächsten lösen, fürchtete er. Eine Restauration der Ikone wäre natürlich die ideale Lösung, dafür fehlte ihm aber das Geld. Er musste das dringend mit der Äbtissin besprechen; es war höchste Zeit, sich der Angelegenheit anzunehmen.

»Aaaah! Aaaah!«

»Pressen! Und atmen!«

»Ich halte das nicht mehr aus! Lieber Gott! Hilf mir!«

»Gott hilft dir, wenn du nicht vergisst zu atmen. Und zu pressen. Press doch!« Die Hebamme war unerbittlich. Aber sie kannte ihren Beruf. Das war nicht das erste Baby, dem sie auf diese Welt verhalf, in dieses Jammertal.

Johanna lag schweißgebadet auf dem Bett und schrie wie am Spieß. Die Wehen kamen immer häufiger, in immer kürzeren Abständen. Der Hebamme schoss durch den Kopf, dass sie sich demnächst für ihre Arbeit Ohrstöpsel aus Stofffetzen nähen sollte. Sonst würde sie irgendwann taub werden. Sie drehte sich um und suchte nach dem Bild des heiligen Nikolaus, das man zu jeder Geburt aus der Pfarrei holte. Doch drüben an der Wand hing es nicht und es stand auch sonst nirgendwo. Sie stutzte, gab sich einen Ruck und begann tonlos zu dem Heiligen beten.

Eine Geburt ohne das heilige Nikolausbild war ein Unterfangen mit einem unsicheren Ausgang. Doch was hätte man machen sollen, wenn an demselben Abend nicht nur dieses kleine Ding in Burtscheid unbedingt rauswollte. Johanna gehörte zu den einfachen Bewohnern in Burtscheid und konnte lediglich hoffen, die Ikone zum richtigen Zeitpunkt, also wenn die Wehen ansetzten, zu bekommen. Mehr nicht, christliche Barmherzigkeit hin oder her. Da hatte die junge Schwiegertochter des Kaschmirherstellers Cramer diesbezüglich bessere Aussichten. Und man konnte nicht einmal später die Ikone holen, lag doch das Anwesen der Familie Cramer weit entfernt von dem heruntergekommenen Haus, in dem die Waschfrau samt Schwiegereltern und Mann, einem Schuster, wohnte. Martin schimpfte jedes Mal, wenn die Sprache auf das Bild des heiligen Nikolaus kam.

Wenn die Männer die Kinder gebären müssten, wäre die Menschheit längst ausgestorben – dachte Marianne bei sich und unterbrach damit nur kurz ihre Gebete. Bis gerade eben hatte der künftige Vater noch vor der Tür gejammert und war der Hebamme gewaltig auf die Nerven gegangen, doch nun schlug seine Stimmung um.

»Nur die Reichen, immer nur die Reichen kriegen Hilfe von oben. Und wir?! Wir können sehen, wie wir das wenige im Leben hinbekommen!«, rief Martin aus, verließ auf einmal das Haus und knallte die Tür hinter sich laut zu, dass alle nur so aufschreckten.

Er brauchte dringend frische Luft und ging zuerst die Straße hinunter zum Markt. Ohne es zu bemerken, ließ er das letzte Haus des Ortes hinter sich und lief weiter den Heißberg hinauf. Als er das Haus der Cramers erreicht hatte, blieb er plötzlich stehen. Eine Idee kam ihm in den Sinn. Er klopfte unsicher an die große und schwere Holztür. Niemand reagierte, also klopfte er noch einmal und noch einmal, immer heftiger.

»Wer ist denn da zur späten Stunde?!«, hörte er endlich eine dunkle Frauenstimme.

»Martin, der Schuster!«

»Und was willst du hier?« Die Frau, der die Stimme gehörte, erschien in der Tür und baute sich vor ihm auf. Sie bedachte ihn mit einem strengen Blick, so dass Martin zusammenzuckte.

»Ich will den Herrn Cramer sprechen.«

»Du nimmst dir was raus, mein Junge!«

»Ich muss …«

Die Frau schüttelte den Kopf und wollte ihm die Tür vor der Nase schließen, als sie aus dem Inneren des Hauses Schritte vernahm. Die Innentür ging auf und ein Mann kam heraus. Es war der junge Cramer, er mochte im gleichen Alter wie Martin sein.

»Wer ist da?«, fragte Hermann Cramer irritiert. Sein Haar war zerzaust und unter seinen Augen lagen dunkle Schatten. Erschöpft sah er aus.

»Ich, Martin«, stammelte der Schuster auf einmal verunsichert.

»Meine Frau liegt in Wehen. Ich habe keine Zeit für dich, was bringt dich nun zu uns?«

»Gnädiger Herr, meine Frau liegt auch in Wehen und wir brauchen dringend das Bild des heiligen Nikolaus. Ich weiß, dass Ihr es habt.«

Cramer zuckte nervös. »In der Tat. Und wir brauchen es ebenso. Du bekommst das Bild, aber erst nachdem meine Frau unser Kind geboren hat.«

»Aber meine ist schon so weit«, gab Martin nicht auf.

»Schluss. Geh nach Hause und komm nicht wieder«, sagte das Dienstmädchen und machte Anstalten, die Tür zu schließen, doch Hermann Cramer winkte plötzlich ab. Vielleicht verspürte er Verständnis für diesen armen Mann, der genauso wie er selbst um das Leben seiner Nächsten bangte.

»Wenn es vorbei ist, schicke ich einen Boten mit dem Bild zu dir. Mehr kann ich nicht für dich tun.«

Martin senkte den Kopf und ballte die Hände zu Fäusten. Das kann ja jeder sagen. Die Wut stieg in ihm auf. Wut und Hass. Er zögerte noch, doch dann drehte er sich um und ging wortlos vor dannen. Er verfluchte Cramer, dessen Frau und die ganze Familie. Nach ein paar Schritten begann er zu laufen. Völlig außer Atem erreichte er sein Haus.

Er öffnete gerade die Tür, als ein befreiendes Quäken ertönte. Die beiden Frauen – die frisch gewordene Mutter und die Hebamme – seufzten erleichtert. Das Baby, ein Mädchen, war gesund auf die Welt gekommen. Und es schrie laut, ein Zeichen, dass es kräftig war. Das war das Wichtigste. Jetzt musste die Kleine nur noch die ersten Monate, besser noch drei, vier Jahre überleben. Marianne wickelte das Baby in ein Tuch und übergab es der glücklichen, wenn auch erschöpften Mutter. Dann ging sie in die Küche, in der die Familie versammelt war, um das mitzuteilen, was alle schon wussten: Die Geburt war gelungen. Man durfte das Neugeborene in Augenschein nehmen.

»Kommt doch rein. Es ist vorbei. Du hast eine starke Tochter. Glückwunsch, mein Junge!«, sagte sie zu Martin und nahm ihre Bezahlung entgegen.

Martin stürzte als Erster in die Stube und umarmte die beiden, so dass Marianne, die dabei war, ihre Sachen zu packen, ihn zur Seite schieben musste.

»Du erdrückst sie noch. Sei doch vernünftig!«

Aber er wollte nicht vernünftig sein. Er freute sich und lachte Freudentränen, und in diese Freude mischte sich Erleichterung, dass die Geburt auch ohne die Unterstützung des heiligen Nikolaus geklappt hatte. Ein Stoßgebet schickte er sicherheitshalber trotzdem gen Himmel. Seinen Fluch hatte er vergessen. Immer wieder streichelte er den Kopf seiner Frau, der Mutter seines erstgeborenen Kindes. Er war nicht einmal enttäuscht, dass es ein Mädchen war. Als nächstes würden sie bestimmt einen Sohn bekommen. Mit Sicherheit.

»Immer wieder das Gleiche.« Kopf schüttelnd verließ die Hebamme das Haus und verschwand zwischen den Häusern der schmalen Gassen, als die Nacht bereits dem Tag zu weichen begann.

»Stellt doch die Ikone dorthin, auf die Anrichte. Gegenüber dem Bett meiner Frau. Sie soll sie immer sehen können.«

»Streng sieht er aus, der heilige Nikolaus«, murmelte die Magd, bekreuzigte sich und tat wie geheißen. Dann deutete sie eine Verbeugung an und verschwand, um frische Tücher zu holen.

Viele, zu viele Leute liefen rein und raus aus dem Schlafgemach von Gertrude Cramer. Ihre Wehen waren jedoch so stark, dass sie nichts mehr davon wahrnahm. Lediglich ihre Schwiegereltern saßen im Salon und übten sich in Geduld. Etwas, was dem künftigen Vater komplett abhandengekommen war. Er scheuchte die Dienstmädchen, wollte bei der Geburt dabei sein, bald war er der Ohnmacht nahe, und die Frauen verwiesen ihn des Raums. Dann kam noch der Schuster und verärgerte ihn mit seiner Forderung.

»Hermann, hör doch endlich auf! Tausende von Frauen haben die Geburt überlebt, deine wird es auch. Setzt dich hin. – Hier, trink das!« Der Vater reichte ihm ein Glas Cognac. »Wenn der auch nicht hilft, so beruhigt er zumindest.«

Die Mutter schüttelte den Kopf und nippte an ihrem Likörgläschen.

»So viel Aufhebens wegen einer Geburt!«, murmelte sie. »Als ob ich nicht auch ein Kind zur Welt gebracht hätte.«

Sie mochte ihre Schwiegertochter nicht, doch die beiden Familien hatten sich ja schon vor vielen Jahren auf die Verheiratung der beiden geeinigt. Ein Wunder, dass die sich auch noch ineinander verliebt hatten. Oder ein Fluch, sie dachte dabei an ihren Sohn, der ebenso unter der schweren Geburt zu leiden schien.

Gertrude wurde übel. Die Wehen ließen etwas nach. Kein gutes Zeichen, dachte Emma, die alte Hebamme, die schon Hermann auf die Welt geholfen hatte. Nun hatte sie alles gut vorbereitet und parat liegen, das Baby konnte kommen. Sie wartete. Sie streichelte den Bauch der jungen Frau, spürte den überdurchschnittlich großen Kopf und überlegte, was sie noch machen könnte, um Gertrude die Entbindung zu erleichtern. Aus Gewohnheit blickte sie die Nikolausikone an. Doch der Heilige auf dem Bild gab ihr weder einen Hinweis, noch munterte er sie auf. Sie seufzte und wandte sich wieder dem hochgewölbten Bauch zu. Wie auf ein Zeichen schrie Gertrude wieder auf.

»Es wird schon. Ich massiere Euch den Rücken, dann legt Ihr Euch wieder hin, zieht die Beine ein und presst, presst und atmet.« Die Hebamme sprach auf die junge Schwangere ein, die sie mit verstörtem Blick fixierte.

Drei Stunden später war das Baby immer noch nicht auf der Welt, und Gertrude schien am Ende ihrer Kräfte angekommen zu sein. Zwei Dienstmädchen hielten sie an den Armen fest, und mit ihr gemeinsam pressten und atmeten. Doch nichts half. Auch nicht die flehenden Blicke zum Nikolausbild.

Die Hebamme ließ sie schließlich vom Bett ein wenig herabrutschen, stützte ihren Rücken, um dadurch das Pressen zu begünstigen, während Gertrude schrie und schrie. Entsetzt platzte Hermann ins Schlafzimmer.

»Ich kann das nicht mehr mit anhören!«, brüllte er die Frauen an. »Wollt ihr sie umbringen? Warum dauert das so lange?«

Emma schwieg, blickte ihn aber so streng an, dass er reumütig den Raum verließ und die Tür leise hinter sich schloss. Von der Mosaikikone fiel ein Steinchen ab, doch niemand bemerkte es.

Gertrude schwanden die Kräfte, und Emma machte sich zunehmend Sorgen um den weiteren Verlauf der schweren

Geburt. Sie sah bereits den großen Kopf des Kindes im Geburtskanal stecken. Sie bemühte sich, das Kind auch ohne die Unterstützung von Gertrude herauszuholen, die zu wenig Kraft hatte, um weiter zu pressen.

»Und wo bist Du und wo ist Deine Unterstützung, wenn man Dich braucht?«, stöhnte Emma und sah das Nikolausbild vorwurfsvoll an. Der Heilige schwieg. Vielleicht gab er sich jedoch einen Ruck, denn endlich kam der Babykopf durch, und die Hebamme konnte den Rest des kleinen Körpers herausholen.

»Da bist du ja«, sagte sie erschöpft und gab ihm einen Klaps. Doch das Baby schrie nicht auf, und seine Haut war violett angelaufen. Das war kein gutes Zeichen, und Emma betrachtete das kleine Mädchen besorgt. Sie versuchte es ein paarmal mit dem Klaps, aber das Mädchen gab keinen Laut von sich. Sie betastete die Herzgegend, ein schwaches Klopfen, kaum wahrnehmbar, konnte sie erspüren. Die Hoffnung, dass das Neugeborene es von alleine schafft, wenn es seine Mutter fühlt, war das Einzige, worauf sie noch setzen konnte. Sie nickte ein Dienstmädchen herbei, das das Baby wusch und es in ein schneeweißes Tuch wickelte. Das kleine Bündel wurde der Mutter in den Arm gelegt, sie war jedoch zu schwach, um es festzuhalten.

Als Emma das Schlafzimmer verließ, schaffte sie es nicht, dem jungen Cramer in die Augen zu blicken.

»Ihr, Ihr habt ein Mädchen, eine Tochter …«

»Das ist ja wunderbar«, rief Hermann erleichtert aus und lief zu seiner Frau, als hätte er die Besorgnis in der Stimme der Hebamme nicht bemerkt.

»Lass uns beten«, sagte seine Mutter trocken und bekreuzigte sich. »Vielleicht gibt es noch Hoffnung.«

Die alte Hebamme schüttelte den Kopf.

»Neeein!«

Der Schrei ließ alle aufschrecken. Die alten Cramers und die Hebamme drangen in das Schlafzimmer. Gertrude lag im Bett mit geöffneten Augen und Hermann schüttelte ihren leblosen Körper.

»Gertrude! Ach, Liebes! Bitte, nicht«, schluchzte er.

»Nehmt das Baby und bringt es ins Kinderzimmer. Ich komme gleich nach«, sagte Hermanns Mutter gefasst, ein Zittern in ihrer Stimme war jedoch nicht zu überhören.

Während ein Dienstmädchen das Baby wegbrachte, packte die Hebamme schweigend ihre Sachen. Manchmal hasste sie ihre Arbeit. Die Ärzte waren so gut ausgestattet, und sie hatte immer noch die alten Geburtshilfegeräte, die sie von ihrer Tante geerbt hatte, die ebenfalls Hebamme gewesen war. Aber die Cramers hatten keinen Arzt gewollt, sondern sie. Sie hatten ihr vertraut. Emma verließ das Haus, ohne ein Wort zu sagen. Sie fühlte sich schuldig, obwohl sie alles richtig gemacht hatte.

Hermann saß auf dem Bett und weinte. Er hielt Gertrude im Arm, küsste ihre Stirn und schaukelte sie, wie man es mit einem einschlafenden Kind tat. Es schien, als wäre die Welt um die beiden herum verschwunden.

»Das gab es bei uns nie«, brummte der alte Cramer, als er wieder in den Salon zurückgekommen war. »Eine schwache Schwiegertochter haben wir uns ausgesucht.«

»Aber der heilige Nikolaus war doch dabei …«, flüsterte eines der Dienstmädchen.

»Was sagst du da?«

»Ich sagte … der Nikolaus, ich meine, sein Bild war ja da.«

»Glaubst du, dass er wirklich hilft?«

»Aber …«

»Mären, Mären sind das. Dummes Zeug«, fauchte er. Obwohl auch er dafür gewesen war, die Ikone für ein paar Gulden aus der Pfarrei zu holen. So wie es alle taten. Es schadete ja nicht, sich der Unterstützung eines Heiligen zu vergewissern.

»Mären«, wiederholte er.

Die Tür zum Schlafzimmer ging auf und Hermann erschien mit der Nikolausikone in der Hand.

»Sollte er nicht helfen? Wozu war er da?«, schrie der junge Mann verzweifelt und wollte das Bild in die Ecke schleudern, das Dienstmädchen fing es aber rechtzeitig auf.

»Ich bringe es zurück. Ja, Herr?« Der alte Cramer nickte.

»Es ist vorbei. Und nichts ist geblieben.«

»Aber das Baby lebt doch«, suchte das Dienstmädchen nach Worten, die ihn trösten sollten.

»Nicht mehr lange«, fiel ihm Frau Cramer ins Wort, die wieder im Salon erschienen war. »Es ist zu schwach. Es wird nicht überleben. Vielleicht ist es auch besser so.«

»Warum sagt Ihr das, Mutter?« Hermann begriff offenbar immer noch nicht das Ausmaß der Tragödie.

»Solche Kinder werden nie erwachsen«, antwortete seine Mutter kurz angebunden und vermied es, ihm in die Augen zu sehen.

Hermann verfiel in Lethargie. Er gab sich die Schuld am Tod seiner Frau und beschloss nie wieder zu heiraten. Wann immer er eine Schwangere sah, wandte er sofort seinen Blick von ihr ab. Die Erinnerung wollte jedoch nicht verblassen. Auch wenn er kleine Mädchen spielen sah, spürte er, wie der Schweiß der Anspannung ihm den Rücken hinunterlief. Mit großem Neid und Bitterkeit folgte er ihnen mit Blicken so lange, bis Tränen seine Augen füllten und er nichts mehr sehen konnte.

»Johanna, du hast wirklich eine hübsche Tochter«, rief vier Jahre später eine Nachbarin der jungen Mutter zu, als die beiden am Brunnen warmes Wasser schöpften. Die kleine Kathie spielte mit Steinchen und hüpfte fröhlich um den Brunnen herum.

»Ja«, entgegnete diese stolz. »Und das ohne den Nikolaus. Das Bild haben ja die Cramers unbedingt haben müssen«, fügte sie hinzu und ihr Blick verfinsterte sich bei der Erinnerung an ihre schwere Geburt. »Ich kann die Geburtswehen bis heute nicht vergessen.«

»Ach weißt du, Johanna. Sei froh. Die Schwiegertochter der Cramers ist bei der Geburt gestorben und die Enkeltochter eine Woche später. Die Reichen haben eben nicht immer Glück.«

Die junge Mutter ergriff das kleine Händchen ihrer Kathie und drückte es fest, als wollte sie sich ihrer vergewissern.

»Mama, das tut weh! Ich will spielen«, wehrte sich die Kleine. Johanna küsste ihre Tochter auf den Kopf und ließ die Hand los.

Ein junger Mann wandelte über den Markt und blieb am Brunnen stehen. Mit einem traurigen Blick betrachtete er die beiden Frauen und das Mädchen.

»Wie alt ist Eure Kleine?«, fragte er und bückte sich zu Kathie. Johannas Instinkt ließ sie aufhorchen.

»Warum wollt Ihr das wissen?«

»Einfach so«, entgegnete er, ohne die Augen von dem Mädchen abzuwenden.

»Vier Jahre ist sie.«

»Wer bist du?«, interessierte sich Kathie plötzlich für den Fremden und lächelte ihn an.

»Ich hatte«, stotterte er. »Ich, ich hätte auch ein so großes und hübsches Töchterchen haben können …« Er schluckte die Tränen und verstummte.

»Wer seid Ihr?«

Der Mann antwortete nicht. Mit einer Hand wischte er sich über die Augen und entfernte sich schnell. Er stieg die schmale Treppe hinauf, die auf den Hügel führte, auf dem die Kirche Sankt Johann Baptist über Burtscheid thronte.

»Kennst du den nicht? Das ist doch der junge Cramer. Der ist aber gealtert in den vier Jahren.«

»Wie? Ist das der, von dem die Frau bei der Geburt …«

»Genau der.«

»Armer Mann.« Johanna sah ihm voller Mitleid nach, nahm ihre Tochter auf den Arm und trug sie ins Haus. Sie brauchte jetzt die Nähe der Tochter mehr als je zuvor.

Zu Hause erzählte sie ihrem Mann von der Begegnung.

»Da kannst du sehen. Reiche haben doch nicht immer Glück«, entgegnete er süffisant, bis er sich plötzlich an seinen Fluch erinnerte. Könnte es etwa sein, dass er eine Mitschuld an dem Tod der beiden getragen hatte? Er zog die Schultern ein und blickte zu Boden.

»Was ist denn mit dir los, Martin? Was bist du so, so verstört?«

»Nichts. Ich muss arbeiten.«

Er stand auf und verließ hastig das Haus, ging aber nicht in seine Werkstatt, sondern zur Kirche St. Johann Baptist. Dort warf er sich vor dem Altar auf den Boden und betete um Vergebung. Nicht einmal hörte er, als der Pfarrer auf ihn zuging und auch nicht, als dieser vor ihm stehen blieb.

»Martin? Was willst du getan haben, dass du so inbrünstig um Vergebung betest?« Der Schuster sprang auf die Beine, nur um sofort wieder auf die Knie zu sinken.

»Vater, vergebt mir.«

»Aber was soll ich dir vergeben? Sag es schon!«

»Ich bin schuld, ich bin schuld, dass der Cramer …«

»Was erzählst du denn da?! Bist du von Sinnen?«, empörte sich der Pfarrer. »Soweit ich weiß, ist seine Frau bei der Geburt gestorben …«

»Aber ich habe, ich habe sie verf…« Er stockte.

Der Pfarrer seufzte ungeduldig und wollte mit ihm schimpfen, plötzlich kam er aber auf eine Idee. Er ließ Martin die ganze Geschichte erzählen.

Schuldbewusst hatte Martin nicht nur über die Nacht der Geburt, sondern auch über das Treffen seiner Frau mit dem jungen Cramer am Brunnen berichtet. Der Pfarrer schwieg einen Augenblick, der Martin wie eine Ewigkeit vorkam, und sagte schließlich:

»Dann habe ich eine Lösung für dich. Und eine Erlösung zugleich.«

»Gibt es so etwas für mich wirklich?« In Martins Blick lag Hoffnung, gleichzeitig übermannte ihn Skepsis. So einfach würde es mit Sicherheit nicht sein.

Der Pfarrer nickte jedoch ruhig.

»Du wirst deine Kathie zu den Cramers bringen …«

»Nein! Sie ist MEINE Tochter!«

»… und sie wird dort einmal in der Woche spielen.«

»Spielen kann sie doch auch zu Hause.« Martin begann zu schluchzen. Seine Tochter sollte bei fremden Menschen spielen. Was würden sie mit ihr machen? Die Angst packte ihn mit ihrer erbarmungslosen Kraft wie eine Kralle. Er rang nach Luft, während der Geistliche weitersprach.

»Und wenn es soweit ist, wird sie dort Unterricht bekommen. Das habe ich bereits mit den Cramers besprochen.«

Dass ihm der junge Witwer bei der Beichte anvertraut hatte, auch ein fremdes Mädchen, das zum gleichen Zeitpunkt wie seine Tochter geboren worden war, aufnehmen und für dessen Zukunft aufkommen zu wollen, das brauchte der Pfarrer dem erschrockenen Schuster nicht mitzuteilen. Nach Cramers Motiven hatte er auch nicht gefragt, die konnte er sich aber gut vorstellen.

»Was für einen Unterricht? Ich kann das alles nicht bezahlen!«

»Das wirst du auch nicht müssen. Aber du wirst sie dorthin schicken. Du musst vertrauen lernen.«

Martin starrte den Geistlichen verständnislos an.

»Vertrauen in Gott und seine Entscheidungen. Er wird es schon richten, alles wird Er richten.«

»Wann?« Mehr brachte Martin nicht hervor.

»Morgen ist Samstag. Jeden Samstagmorgen bringst du Kathie zu den Cramers und abends holst du sie ab.«

»Wie lange soll das gehen?«

»Das wirst du schon erfahren. Vertraue mir, vor allem aber vertraue in Gott.«

Martin senkte den Kopf und legte die Hände vors Gesicht. Wie sollte er das alles seiner Frau klarmachen? Diese Herausforderung schien ihm beinah noch schwieriger als die schlimmste Buße, von der er je gehört hatte.

Er seufzte schwer, stand langsam auf und verließ die Kirche.

Welch ein Tag, dachte der Geistliche. Er blickte Martin nach, dann erhob er die Augen zum Himmel. Nun würde der junge Cramer vielleicht einen Sinn für sein Leben finden und ein Mädchen aus einer armen Familie Voraussetzungen für eine großartige Zukunft bekommen. So Gott es wollte!

Die Reliquien des heiligen Nikolaus sind, wie wir bereits wissen, im fernen Bari in der Kirche San Nicola zu sehen, wo ihre glückliche Ankunft aus Myra jedes Jahr feierlich begangen wird. Dagegen befindet sich die Mosaik-Ikone mit seinem streng dreinschauenden Antlitz heute im Abteischatz der Kirche St. Johann-Baptist.

Die Gebeine des heiligen Gregor ruhen unter dem Berdolet-Altar in derselben Kirche, hier haben sie ihre letzte Ruhestätte gefunden. Sein Grab befand sich nämlich zuerst in der Kapelle, die er selbst zur Ehrung der heiligen Nicolaus und Apollinaris hatte bauen lassen. Nachdem die Johann-Baptist-Kirche fertiggestellt worden war, wurden sie neben den Johannes-Altar umgebettet. Dort sollen Heilungen von Fieber, Kopfschmerzen, schmerzenden Zähnen und Augen beobachtet worden sein und auch Kinder und sogar zwei Nonnen wurden an Gregors Grab durch seine Wunder geheilt. Man erzählt ebenso, dass am 4. November, am Tag des heiligen Johannes, Frauen ihre kranken Kinder dorthin brachten, in der Hoffnung auf eine Wunderheilung.

Und so haben mit vereinigten Kräften beide Heiligen ihren Anteil an unzähligen Genesungen in Burtscheid. Vielleicht.

Burtscheid, Stich: Kurgarten 1822 (Quelle: https://www.wikiwand.com/de/Burtscheid)

Wasser und Spiele

Burtscheid hat mehr Quellen als Aachen. Burtscheid liegt höher als Aachen. Warum ist also nicht Burtscheid, sondern Aachen zu DEM Ort geworden, den die Römer und nach ihnen Karl der Große bevorzugt haben?

Auch wenn Enge manchmal gemütlich erscheint, so ist in unserem Fall vielleicht auch die Topografie nicht ohne Bedeutung.

Während Aachens Mittelpunkt sich damals auf einem Sporn inmitten eines weiten Kessels befand, umgeben von Ausläufern der Ardennen und der Eifel und nur im Norden vom hübschen Lousberg eingerahmt, so liegen die Burtscheider Schätze in einem relativ schmalen Tal der Wurm, das Richtung Westen flacher wird, und damals von Sumpfgebieten beschlagnahmt war. Das waren schlechte Aussichten für die Konstituierung und Ausweitung einer kaiserlichen Residenz. Und doch war Burtscheid nicht unbemerkt geblieben, und das schon zu Zeiten der Römer. Davon zeugt ein mit gebührendem Stolz präsentierter Votivstein aus dem 2. Jahrhundert nach Christus, der dem Heil- und Wassergott Apollo gewidmet war, wahrscheinlich aus Dankbarkeit für die Heilung durch das sonderbare, heiße Nass. Die Qualität der Burtscheider Thermalquellen hatte sich bald herumgesprochen und man darf annehmen, dass auch sie aufgesucht worden waren, wie die im benachbarten *Aquae Granni* oder wie Aachen zur damaligen Zeit auch immer heißen mochte. Es fehlten dort zwar solche prunkvollen Thermalanlagen wie in Aachen, für die Heilung von Kriegswunden römischer Soldaten jedoch (nicht zwingend unterer Militärgrade, wie der Weihestein beweist) werden sie wohl hinreichend bequem gewesen sein.

Meine Spekulationen gehen weiter, und ich nehme einfach mal an, dass die Entwicklung beider Orte auch weiterhin parallel verlief, auch als der fränkische Kaiser *Aquis* zu seiner festen Residenz erhoben und danach, als er seine letzte Ruhestätte schon längst irgendwo im Aachener Dom gefunden hatte. Burtscheid war immer da. Und ewig sprudelten dort die warmen Quellen, zu denen zahlreiche Kranke pilgerten.

Als die Abtei Ende des 10. Jahrhunderts gegründet worden war, hatte man sich auch der Thermalquellen angenommen. Sie gehörten der Abtei und nach der Übernahme durch die Zisterzienserinnen im 12. Jahrhundert wurden die meisten verpachtet. Bald wuchsen an den Quellen Badehäuser – fünfzehn wurden im 17. Jahrhundert gezählt, zehn davon standen aneinandergereiht entlang der Quellenvorbrüche. Man badete dort bei Musik und Tanz, immer häufiger wurde auch Wein ausgeschenkt. Man bedarf keiner besonderen Einbildungskraft, um sich vorzustellen, wie sich die Sitten unter Alkoholeinfluss geändert haben müssen.

Im Laufe der Zeit setzte sich eine praktische Nutzungstrennung zwischen Aachener und Burtscheider Bädern durch: In Aachen badete man der Genesung wegen und in Burtscheid, um Spaß an der Freude zu haben. Diese Behauptung möchte ich zwar mit Vorsicht genießen (lassen), da letztendlich beides auf beide Orte zutraf. Allerdings sollen Burtscheider Badewirte schon eher ein Auge zugedrückt haben, wenn Herren in weiblicher Begleitung in das heilende Wasser stiegen, wobei die Damen ihnen nicht unbedingt kirchlich anvertraut waren. Die steigende Sittenlosigkeit und Ausschweifungen hatten sogar dazu geführt, dass während einer Visitation der Äbtissin eine schärfere Aufsicht über die verpachteten Bäder nahegelegt wurde.

Das gemeinsame Baden wurde in Burtscheid besonders in Anspruch genommen, seit die Stadt Aachen dieses im 17. Jahrhundert verboten hatte. Nur hier also konnte Casanova seinen Plan umsetzen, als er in Begleitung von Marquise d'Urfé in Aix-la-Chapelle zur Kur erschien. Gewohnt wurde zwar in Aachen, doch gebadet im freizügigeren Burtscheid. Nach einem guten Essen stieg er um Mitternacht, selbstverständlich bei Vollmond, mit der Gräfin ins Bad. Eine Verjüngungskur hatte er ihr nämlich versprochen, eine mystische Wiedergeburt. Nachdem sie einige Zeit, in der nichts Spektakuläres geschehen war, abgewartet hatte, verlor die Dame die Geduld. Casanova ließ dann heimlich, während er magische Formeln sprach, ein Stück Papier, mit Geheimtinte beschrieben, anzünden und ins Wasser herabsegeln. Als das Blatt feucht wurde, durfte die Gräfin darauf ablesen, dass sie noch ein Jahr auf die Verjüngung warten sollte. Und es war kein Wunder, dass sie über den schlechten Scherz entsetzt, das Bad verließ und bald darauf die Stadt. Da musste Casanova nun sehen, wie er seine Schulden selbst bezahlen würde.

Schulden? Welche Schulden? Schulden als Folgen des Glücksspiels. Da zur Kur ebenso Unterhaltung gehörte, wurde in Burtscheid bald die erste Konzession für ein Spielhaus vergeben. Die Äbtissin erteilte die Erlaubnis im Jahre 1799. Da hatte die Stadt Aachen zwar schon ein eigenes Spielkasino, doch hier durften nur auswärtige Gäste ihr Geld verspielen. Illegal spielte man dagegen in vielen

Privathäusern der Stadt. Burtscheider Herrscherinnen sahen im Glücksspiel wohl ein gutes Geschäft und so gedieh das Spielhaus und lockte Kurgäste auch aus dem nahen Aachen an.

Kurzum war Burtscheid lange ein Ort, an dem prominente, bekannte oder einfach nur kranke Kurgäste sich in fröhlicher Atmosphäre die Zeit vertrieben. Und da man eben nicht nur der Krankheit wegen nach Aachen und Burtscheid zog, wurde auch das Publikum immer bunter.

Im Jahre 1786 begann ein französischer Reisender seinen Bericht über Burtscheid mit den vielsagenden Worten »Mantua, dir ist leider Cremona zu nahe!«, um auf die ähnlich ungünstige Nähe Burtscheids zu Aachen hinzuweisen. Und nachdem er sich ausführlich über seine Beobachtungen ausgelassen hatte, empfahl er dem Leser in Burtscheid »die Bäder zu den drei Schlangen, welche bequem, reinlich und wohl besorgt sind; man wird dort recht flink und anständig bedient. Eine schöne Frau ist auch dort«.

Madame Margot de Beauville litt jeden Monat furchtbare Schmerzen im Unterleib. Ihr Arzt, Doktor Marcel Montvieux, kannte zwar die Gründe, konnte ihr aber auch diesmal nicht helfen. Frauen hatten nun einmal mit solchen Problemen zu kämpfen. Außerdem war sie schon in diesem Alter, in dem andere Frauen längst mindestens eine Geburt hinter sich hatten. Aus der medizinischen Literatur erfuhr er, dass diese Art von Krämpfen nach der ersten Geburt nachlassen konnte, das hatten ihm auch seine Fachkollegen bestätigt, einen solchen Fall hatte er aber selbst noch nicht erlebt. Oder besser gesagt, er war noch nie Zeuge von einer darauf gründenden Verbesserung gewesen. Als Mann konnte er selbst natürlich keine Kinder gebären und war sehr froh, dass die Natur es genauso eingerichtet hatte. Die Schmerzen seiner Patientin hatten ihm jedes Mal Schweißperlen auf die Stirn getrieben. Voller Mitgefühl verbeugte er sich vor der Leidenden.

»Madame. Es tut mir außerordentlich leid, Euch wieder einmal sagen zu müssen, was mir so unangenehm ist: Ihr seid bereit für eine Schwangerschaft. Sie sind jung und stark.«

Madame de Beauville fauchte und spreizte ihren Fächer, der mit Straußenfedern geschmückt war. Diese kitzelten sie an der Nase und sie nieste ein paarmal.

»Ich will ja schwanger werden«, schrie sie aus, was auch sie seit längerer Zeit beschäftigte. Sie sah ihren Arzt dabei so an, als wäre er schuld an diesem Zustand. Dabei hätte er gerne seinen Beitrag dazu geleistet. Wäre bereit, jede Zeit, mit größter Freude ... Doch nein, so durfte er gar nicht denken. Sie war seine Patientin. Er hüstelte nervös und blickte zum Boden, um sich seine Erregung nicht anmerken zu lassen. Als er Madame Margot wieder anblickte, lag in seinen Augen nur ärztliche Sachlichkeit und Distanz.

»Ihr Gatte ist doch zeugungsfähig, oder?«, fragte er mit leiser Stimme und zweifelte plötzlich an der Annahme.

»Sie sind doch der Arzt. Fragen Sie nicht mich!«

Der gute Mann wusste, dass sie und ihr Gatte sich der ehelichen Pflichten beileibe nicht entzogen. Egal wann und wie oft sie ... Sie wissen schon was ... taten, es kam nichts dabei heraus – sie wurde einfach nicht schwanger. Die Hoffnung auf die Schwangerschaft verdarb ihnen schließlich den Spaß. Letztendlich war es ihre Pflicht, mindestens einen Nachkommen in die Welt zu setzen. Und bei Pflicht hört der Spaß bekanntlich früher oder später auf.

Robert Marquis de Beauville, ein stattlicher Mann mit dunkelblondem Haar, das nach neuester Mode kunstvoll drapiert war, sah sein Gegenüber stets mit einem offenen Blick an. Sein heller, sonnenempfindlicher Teint verlieh ihm etwas Jugendliches, obwohl er das dreißigste Lebensjahr bereits überschritten hatte. Er nannte große Ländereien in Lothringen sein eigen und diese brauchten einen Gebieter, wenn er einmal ... – aber es war noch zu früh, an solche endgültigen Augenblicke im Leben eines Menschen zu denken. Und trotzdem – die Zeit blieb nicht stehen ...

»Madame, ich habe neulich von einem besonderen Badeort gehört, in dem Ihr Eure Leiden behandeln und vielleicht sogar heilen lassen könntet. Ein Arzt sprach in höchsten Tönen darüber. Dort wäret Ihr in bester Gesellschaft. Er berichtete mir von Fürsten und Poeten, die sich dorthin zur Kur begeben.«

Margot sprang auf, aus ihren trüben Gedanken herausgerissen, strich sich das Kleid zurecht und eilte auf die Terrasse hinaus, die sich vor ihrem Gemach erstreckte. Die Sonne schien und ein leichter, lauwarmer Wind umspielte ihr hübsches Gesicht, verfing sich im langen hellblonden Haar und wehte ihr eine Strähne in die Stirn. Mit einer langsamen Bewegung schob sie das Haar weg und drehte sich um.

»Wie heißt dieser Ort?«

»Borcette. Es liegt bei Aix-la-Chapelle, Madame.«

»Gut. Dann will ich dorthin fahren.«

»Ihr? Ihr allein?«

»Ja. Mein Gatte musste wieder nach Metz und er wird wohl einen Monat oder gar länger wegen der Geschäfte dort bleiben. Ich sollte nachkommen, aber so wie es aussieht, werde ich es nicht tun. Im Gegenteil, er könnte ja zu mir nach Bor…«

»Borcette, gnädige Frau. Und wenn Ihr mir eine Bemerkung erlaubt.« Er hielt inne und, als sie nickte, fuhr er fort. »Ich halte es für eine weise Entscheidung.«

»Ihr kommt selbstverständlich mit.«

Doktor Montvieux' Gesicht wurde rot in einem spontanen Ausbruch grenzenloser Freude. Er würde dorthin reisen. Mit ihr! Es war mehr, als er zu hoffen gewagt hätte.

»Selbstverständlich«, entgegnete er gleich darauf sachlich und beherrscht. »Wie Ihr wünscht. Ich würde auch gerne die Behandlungsmethoden observieren. Damit Ihr zu keinem Zeitpunkt in Gefahr geratet.«

»Ist die Kur denn gefährlich?« Sofort bereute er seine Ausführung.

»Mit Sicherheit nicht. Aber wir kennen den Kurverlauf nicht. Umso mehr freue ich mich, Euch dabei begleiten zu dürfen.«

»Sehr gut, sehr gut. Dann sollt Ihr packen. Ich will umgehend die Reisevorbereitungen veranlassen.« Sie klatschte in die Hände und zwei Dienstmädchen erschienen.

Eine Woche nach diesem Gespräch, am späten Abend erreichte eine Kutsche aus der Gegend von Metz ihren Zielort Borcette. Im strömenden Regen fuhr sie am vornehmen Kurhotel vor. Dienstleute sprangen heraus und beeilten sich, der Dame beim Aussteigen zu helfen und sie schnell ins Trockene zu bringen. Gleichzeitig kümmerten sich die anderen um das zahlreiche Gepäck der vornehmen Gäste. Madame de Beauville wurde mit ihrem Dienstmädchen in einer geräumigen Suite mit einem angeschlossenen Schlafraum für die Dienerschaft untergebracht, der Doktor bekam ein Zimmer nebenan.

»Mon Docteur, ich werde mich nach dieser anstrengenden Reise erholen. Wir sehen uns zum Dinner wieder. Au revoir!«

»Ja, Madam. Die Reise war in der Tat ermüdend«, entgegnete Doktor Montvieux und begab sich in sein Zimmer. Bis zum Dinner blieb noch etwas Zeit. Vielleicht könnte er erste Erkundigungen bei den hiesigen Kurärzten anstellen.

Der junge Doktor freute sich über diese Reise nicht nur, weil er im Stillen in seine Patientin verliebt war. Und obwohl er wusste, dass diese Liebe nie erwidert werden konnte, so erlaubte er sich, ein bisschen davon zu träumen. Darüber hinaus erhoffte er sich, mehr über die Heilverfahren in Erfahrung zu bringen. Noch nie in seinem, zugegeben jungen, Leben hatte er derartige Observationen durchführen dürfen. Es war eine Gelegenheit, die er sich nicht entgehen lassen durfte. Und wenn er dabei auch noch … Aber so weit wollte er doch nicht denken.

Zwei Stunden später begab sich Madame de Beauville in Gesellschaft ihres Leibarztes in eine Gaststätte, die man ihnen anempfohlen hatte. Dort trafen sie auf andere Kurgäste aus Frankreich, aber auch aus Italien, England und den Niederlanden. Man sprach selbstverständlich Französisch und erzählte sich amüsante Geschichten über die Einheimischen, tratschte und lachte. Doktor Montvieux beobachtete, welchen Eindruck Madame de Beauville auf die vornehmen Gäste machte, und das erfüllte ihn mit Stolz, in den sich jedoch überraschenderweise auch eine Prise Neid mischte. Warum konnten all die Männer mit Madame so frei verkehren, während er immer im Hintergrund bleiben musste? Dafür kannte er ja all ihre intimsten Geheimnisse, er war schließlich ihr Leibarzt. Er fühlte, wie sein Blutdruck plötzlich anstieg und er atmete schwer. Er durfte nicht zulassen, dass man etwas davon merkte.

»Madame. Ich möchte ungern stören, aber ich fürchte, ich muss mich entfernen, hinausgehen. Ich brauche frische Luft.«

Madame, die gerade über einen vorzüglichen Witz ihres Tischnachbars lachte, nickte lediglich und sagte schnell: »Tut es, mein lieber Doktor.« Dann wandte sie sich wieder ihren neuen Freunden zu.

Deprimiert über so wenig Anteilnahme, verließ er die Gaststätte und verschwand in der Nacht.

»Wer war dieser Mann?«, fragte Philippe Comte de Chaumont, mit dem sie sich bereits eine Weile unterhalten hatte.

»Mein Leibarzt.«

»Euer Leibarzt?«, lachte er auf.

»Warum wundert es Euch? Es ist doch praktisch, seinen eigenen Arzt stets dabei zu haben.«

»Weil es hier keine richtigen Ärzte geben soll?«, grinste er süffisant und, als sie nicht darauf eingehen wollte, hauchte er ihr verschwörerisch ins Ohr: »Vor allem aber, wenn er so verliebt ist. In Euch, meine ich.«

»In mich? Ihr beliebt zu scherzen.«

»O nein. Ihr habt wohl seinen Blick nicht gesehen. Diesen verliebten Blick, mit dem er Euch hinterherschaut.«

Margot gefiel die Vorstellung, von ihrem Arzt begehrt zu werden. Gleichzeitig gestand sie der Situation eine gewisse Lachhaftigkeit zu. Nein, das war so surreal! Oder doch nicht?

»Mein lieber Comte, Ihre Beobachtungsgabe ehrt Euch, und ich würde gerne Euren Ausführungen weiterhin lauschen, doch ich merke, dass es Zeit für mich ist. Nach allen den Aufregungen des Tages brauche ich jetzt dringend meinen Schlaf.«

Sie winkte ihm und den anderen Gästen freundlich zu, deutete eine Verbeugung an und verließ die Restauration. Unterwegs ins Hotel dachte sie über die Worte des Comte nach und beschloss, ihren Herrn Montvieux zu beobachten. Heimlich, versteht sich. Sie dachte auch an all die Kurgäste, die vornehmen Grafen und Gräfinnen, Fürsten und Prinzessinnen, die sich so prächtig amüsierten, und auch an den Comte de Chaumont. Er war ein ausgesprochen attraktiver und faszinierender Mann, belesen, voller Esprit.

Sie schüttelte den Kopf. Auch ihrem Mann fehlte es nicht an diesen Attributen. Und da schoss ihr ein neuer Gedanke durch den Kopf: Vielleicht lag es doch an ihrem liebsten Robert, dass sie nicht schwanger werden konnte? Es schüttelte sie. Es mochte bereits kalt geworden sein, es konnte aber auch an diesem furchtbaren Zweifel liegen, der sich plötzlich in ihrem Gehirn eingenistet hatte. Nein, nicht ihr Robert. Sie würde sich der Kur vollständig unterziehen und dann würden sie sich so leidenschaftlich lieben, dass sie einfach sofort schwanger werden müsste; jawohl, so würde es sein.

Bereits am frühen Morgen begann ihre Kur. Sie wurde vom hiesigen Kurarzt, der ihr empfohlen worden war, untersucht. Ihr Leibarzt war dabei, was Doktor Schwartz nur ungern ertrug. Sie wollte ihn aber unbedingt dabei haben. Er sollte lernen, hatte sie argumentiert.

»Wie Ihr wünscht, Madame.«

Der Kurdoktor konsultierte ihren Leibarzt nicht, obwohl dieser mehrmals versuchte, sich mit seinen Erkenntnissen einzubringen. Da war Doktor Schwartz aber eigen und verließ sich ausschließlich auf seine eigenen Erfahrungen. Zum Schluss verschrieb er der Patientin einmal täglich Badehausbesuche, wo sie mit Duschmassagen behandelt werden sollte, sowie alle zwei Tage Baden im Thermalwasser. Außerdem würde sie ausgiebige Spaziergänge in der Umgebung unternehmen müssen. Viel Bewegung an frischer Luft sollte die Behandlung unterstützen.

Ein üblicher Aufenthalt im Bad war mit allerlei Vergnügungen verbunden. Im warmen Wasser sitzend, hörten die Gäste Musik und Gesang, spielten, aßen und tranken. Das Burtscheider Wasser wirkte weniger intensiv als das Aachener, daher konnten sich die Badegäste länger darin aufhalten. Andererseits förderte das Amüsement die Heilungsprozesse. Vor allem Letzteres war ein unschlagbares Argument für die ausschweifenden Feste in den Badehäusern.

Am zweiten Kurtag nahm Margot ihren Herrn Leibarzt Montvieux mit ins Bad. Auch er sollte etwas von diesem Spaß haben, der ihr selbst zuteilwurde.

»Trinkt doch etwas«, sprach sie auf ihn ein, als sie sah, dass er allein am Rande des Badebeckens saß und die Kurgäste mit einem traurigen Blick betrachtete. »Hier, nehmt doch meinen.« Sie reichte ihm ihren Becher und rief den Bediensteten zu sich, damit dieser ihr einen neuen brachte. Sie merkte nicht sofort, dass sie ihre übliche Alkoholmenge bereits überschritten hatte. Sie lachte viel, spielte und hüpfte wie ein kleines Mädchen. Jetzt bespritzte sie Monsieur Montvieux mit Wasser.

Sie war einfach bezaubernd, seufzte dieser, vergaß seine Vorbehalte und entspannte sich. Bald lächelte auch er ungezwungen und ließ sich von dem Geschehen im Bade treiben. Margot beobachtete ihn aus dem Augenwinkel. Zum ersten Mal sah sie ihn nackt. Sie nahm ihn auch zum ersten Mal als Mann wahr. Sein hübsch geformter Körper versetzte sie in Staunen. Noch mehr überraschte sie der Gedanke selbst: Sie hatte sich tatsächlich ihren Leibarzt nie auch nur irgendwie vorgestellt. Er war für sie immer geschlechtslos gewesen, weder jung noch alt, weder hübsch noch hässlich. Einfach nur ein Arzt. Hin und wieder blieb ihr Blick an seiner Brust hängen, weiter hinunterzuschauen wagte sie in dem öffentlichen Badebecken voller Menschen nicht. Auch wollte sie nicht, dass er es bemerkte.

Nach dem ausgiebigen Bad wurden sie eingekleidet und machten sich, etwas beschwipst, auf den Weg zurück ins Hotel. Monsieur Montvieux verabschiedete sich schwersten Herzens von Margot und begab sich unsicheren Schrittes in sein Zimmer.

Madame de Beauville öffnete die Tür zu ihrem Gemach und blieb abrupt stehen. In Gedanken rief sie das Bild des glänzenden, nassen Körpers ihres Arztes und seiner unergründlichen schwarzen Augen, mit denen er heute in ihre Augen schaute – und merkte, welche Erregung diese Vorstellung in ihr hervorgerufen hatte. Sie horchte einen Augenblick hin, ihr Dienstmädchen Marie schien bereits zu schlafen. Kurzentschlossen zog sie die Tür wieder zu und klopfte leise nebenan.

Doktor Montvieux war mit dem Ausziehen noch nicht weit gekommen, verlor er doch hin und wieder das Gleichgewicht. Auch er war Alkohol und langes Baden nicht gewohnt. Nur mit seiner Hose bekleidet, öffnete er die Tür – und gleich darauf den Mund. Eine göttliche Erscheinung – in Person seiner angebeteten Patientin – betrat sein Zimmer. Ohne ein Wort zu sagen, ohne überhaupt seine Reaktion abzuwarten, küsste sie ihn leidenschaftlich auf den Mund und zog ihn an sich. Ihr Herz raste, gerade das konnte er ganz deutlich spüren, und ihre geschmeidige Haut war heiß und so, so nah – die weiteren Details wollte er am nächsten Tag in Gedanken durchgehen.

Am Morgen wachte Doktor Montvieux auf und stellte fest, dass der Platz neben ihm im Bett leer und kalt war. Er versuchte nachzudenken, was sich angesichts seiner stechenden Kopfschmerzen als ausgesprochen schwierig herausstellte. Entweder hatte er eine heiße Liebesnacht mit Madame Margot verbracht, oder er hatte nur lebhaft davon geträumt. Letzteres war er gewohnt, das Erstere schien ihm zu irreal, um wahr zu sein. Er schloss die Augen und streichelte seine Brust. Nein, sie war doch hier, in seinem Bett gewesen. Und sie hatten sich geliebt! Aber wie konnte es passiert sein?

»O Gott! Warum kann ich mich an nichts erinnern!«

Das Zimmermädchen klopfte leise, und als er ein lautes »Ja« stöhnte, öffnete es die Tür und brachte das Frühstück herein.

»Ist Madame de Beauville bereits wach?«, fragte er vorsichtig.

»Nein, Monsieur. Sie schläft noch.«

Etwas enttäuscht biss er in ein Stück Kuchen. Erst kurz vor Mittag wagte er, bei Margot anzuklopfen.

»Madame. Seid Ihr da?«

»Kommt doch herein«, hörte er ihre Stimme und betrat unsicher die Suite. Sie lag im Bett und lächelte entspannt.

»Ach! Ist der Tag nicht wunderschön?« Sie dehnte sich ausgiebig, wobei ihr Negligé ein bisschen herabrutschte und den Blick auf ihre Brust freigab. Der Arzt bemerkte, welche Erregung dies bei ihm hervorgerufen hatte, und schluckte laut. Wie sollte er diesen wunderbaren Körper je wieder untersuchen, ohne die sündhaften Gedanken, fragte er sich besorgt. Gequält nickte er mit dem Kopf.

»Was habt Ihr denn? Habt Ihr nicht gut geschlafen?« Sie foltert mich, das ist offensichtlich, dachte er.

»Ja, doch. Anders kann man das nicht sagen«, stammelte er als Antwort und hätte gerne erfahren, inwieweit *sie* sich an die Details dieser Nacht erinnerte. Jedenfalls muss sie sie genossen haben, so entspannt und zufrieden wie sie war. Hatte er etwa einen Grund, stolz auf sich zu sein? Er beschloss zunächst seine – und ihre – Gedanken in eine andere Bahn zu lenken und erst später zu überlegen, was er mit dieser Erkenntnis anfangen würde.

»Ihr habt heute Einzelbehandlungen, nicht wahr, Madame?«

Marie betrat das Zimmer, um die Garderobe der Herrin bereitzulegen, die sie heute tragen sollte. Das Dienstmädchen schien nichts von der nächtlichen Eskapade der Madame auch nur zu ahnen.

»Habe ich sie? Nun gut. Dann genießt den Tag ohne mich. Heute habt Ihr frei«, fügte sie großzügig hinzu.

Enttäuscht verließ er ihr Zimmer und beschloss, an diesem sonnigen Tag Burtscheid zu erkunden. Bisher hatten sie nicht viel von dem Ort gesehen. Und dieser erwies sich als eine malerisch gelegene, kleine Stadt mit einem hübschen Kurpark, langen Promenaden, die über die Stadtgrenzen hinausführten. Und von dem Hügel aus, auf dem die Abtei stand, konnte man einen prachtvollen Ausblick auf die umliegende Landschaft genießen. Hier würde er sich mit Sicherheit nicht langweilen.

Kurz nachdem Montvieux das Zimmer von Madame de Beauville verlassen hatte, klopfte es wieder an die Tür.

»Noch etwas?«, fragte sie.

Das Zimmermädchen kam herein und brachte die Post.

»Sie sind eben angekommen.« Sie legte das Tablett mit den Briefen auf das Nachtschränkchen. »Wünscht Madame etwas zu essen? Ein kleines Frühstück vielleicht?«

Margot überlegte und erteilte entsprechende Anweisung. Ohne zu essen, durfte sie nicht zur Behandlung erscheinen. Davor hat der Kurarzt sie eindringlich gewarnt.

Sie nahm ein Briefmesser und öffnete zuerst den Brief von ihrem Gatten.

> *Liebste Margot,* schrieb er. *Ich hoffe, es geht dir in diesem Borcette gut und dass deine Kur zu einem Erfolg führen wird. Das hoffe ich für uns beide sehr. Es wäre doch so schön, einen Sohn oder ein Tochter zu haben. Aber ich möchte dich nicht unter Druck setzen. Erhol dich gut. Dann sehen wir weiter.*
>
> *Ich habe mich hier in Metz beeilt und viele Angelegenheiten bereits erledigt. Anfang nächster Woche mache ich mich auf den Weg zu dir. Vielleicht lasse ich es mir dort auch gutgehen. Mit dir. Ich vermisse dich sehr.*
>
> *Dein Robert*

Margot küsste den Brief und faltete ihn wieder zusammen. Dann sah sie die weitere Korrespondenz durch: lauter Einladungen zu Redouten, Theatervorführungen und anderen Vergnügungen in Aix-la-Chapelle. Ja, sie würde sie in Anspruch nehmen. Es hieß, dies gehörte zur Kur dazu. Eine der Einladungen trug den Absendernamen Philippe Comte de Chaumont. Neugierig öffnete sie den nach Moschus duftenden Brief. Ein Ball im Komödienhaus in Aix-la-Chapelle stand auf dem Programm. Margot lächelte und überlegte, wann sie zuletzt getanzt hatte. Vor einem ganzen Monat! Ja, sie würde zusagen. Robert sollte ja erst nächste Woche kommen, rechnete sie, da könnte sie sich mit dem Marquis auch ein bisschen vergnügen.

Monsieur Comte de Chaumont war ein sehr charmanter und überaus vorzüglicher Tänzer. Sie hatte nicht bereut, seiner Einladung gefolgt zu sein. Sie hatten die ganze Nacht durchgetanzt, und Margot war sehr erschöpft, als er sie kurz vor Tagesanbruch in ihr Hotel zurückbrachte. Die Kutsche hatte er wohlweislich vorher bestellt, denn der Weg vom Katschhof zum Hotel war in der Nacht beschwerlich und gar gefährlich. Die Straßenbeleuchtung kannte man hier noch nicht. Eigentlich wollte er noch zu Madame de Beauville hinaufkommen, sie hatte es aber entschieden abgelehnt. Sie speiste ihn lediglich mit einem freundlichen Kuss ab und stieß ihn von sich, als er sie umarmen wollte. Nicht, dass sie keine Lust auf etwas mehr verspürte, und flüchtige Amouren waren ihr durchaus nicht fremd, aber sie fühlte sich außer Kraft, sie noch in dieser Nacht genießen zu können. Die Kur und das Amüsement waren doch sehr anstrengend, stellte sie erstaunt fest. Sie schickte ihm noch ein entschuldigendes Küsschen und verschwand im Hotel. Der Portier war verärgert, so spät – eigentlich bereits so früh – aufstehen zu müssen, um einem Gast die Tür zu öffnen. Es sollten endlich Regeln eingeführt werden, die es verbieten würden, später als, sagen wir, um zwei Uhr nachts ins Hotel zurückzukehren. Und die Uhr schlug gerade vier.

Robert Marquis de Beauville saß in seiner Kutsche, die ihn Richtung Borcette fuhr, und freute sich auf das Wiedersehen mit seiner geliebten Margot. Immer wieder lächelte er und dann bildeten sich Falten um seine hellblauen Augen und ein Mundwinkel hob sich. Am liebsten würde er Margot sofort in seine Arme schließen.

Die Straße war sehr uneben, und er wurde ordentlich durchgeschüttelt, als er endlich vor dem Hotel in Borcette ankam, in dem seine Gattin untergebracht war. Nachdem er ausgestiegen war, musste er zuerst einen Augenblick einfach nur dastehen, um sich zu vergewissern, dass sich alle seine Knochen noch immer an den richtigen Stellen befanden. Danach ließ er sich in Margots Suite führen.

»Mein liebster Robert!«, rief sie aus, als er in der Tür erschien, und warf sich ihm um den Hals. Wie immer. Ihr Temperament war dasselbe geblieben, ging ihm durch den Kopf, und sein Gesicht erstrahlte.

Sie hatten noch nicht viel miteinander gesprochen, als es wieder an der Tür klopfte. Bevor Margot reagieren konnte, ging die Tür auch schon auf, und Comte de Chaumont betrat den Raum.

»Ma cherie! Die Ballkönigin!« Mit einer Verbeugung ging er auf sie zu – und bemerkte erst dann, dass sich noch jemand im Zimmer befand, der ihn nun voller Entsetzen anstarrte. Der Comte hüstelte verunsichert, so dass Margot in Gelächter ausbrach.

»Mein liebster Robert.« Mit einem Taschentuch wischte sie sich Lachtränen. »Das ist Philippe Comte de Chaumont, mein Tanzpartner auf dem letzten Ball. »Mon Cherie, ich muss dir das alles ja noch erzählen. Jetzt versichere ich dir nur eins.« Sie hielt inne und sah ihren Gatten an. »Er tanzt beinahe so gut wie du. Aber eben nur *beinahe* so gut.« Sie zwinkerte ihm zu.

Roberts Gesicht erhellte sich bei dem Gedanken an die Tanzmomente mit Margot, umso mehr verfinsterte sich allerdings die Mine des Comtes, so dass Margot sich verpflichtet fühlte, hinzuzufügen: »Cher Comte, betrachtet das bitte als das höchste Kompliment, das jemals ein Mann aus meinem Mund gehört hat, meinen Gatten selbstverständlich ausgenommen.« Sie legte Robert ihre Hand auf die Schulter.

Die Wogen waren einigermaßen geglättet, als Marie ins Zimmer trat. Der Comte drehte sich zu ihr um – und sein Interesse hatte von da an dem hübschen Antlitz und feenhaften Wesen gegolten, das nun unter seinem eindringlichen Blick errötete. Madame de Beauville schien bereits in Vergessenheit zu entschweben.

»Mademoiselle«, verbeugte er sich leicht. Marie sah ihre Herrin an und, als diese schmunzelte und nickte, erwiderte sie seine Begrüßung.

Der Comte verabschiedete sich zwar formvollendet, so doch etwas hastig und beschloss, die kleine Marie ein anderes Mal abzupassen. So viel Frische durfte er sich doch nicht entgehen lassen.

Margot nahm ihren Robert an die Hand und führte ihn zu einem Spaziergang nach Burtscheid aus. Sie nahmen die Kutsche, die sie bis zum Marschiertor fuhr, dort stiegen sie aus und legten den weiteren Weg zu Fuß zurück. Als sie die Hauptstraße erreichten, blieben sie stehen, um den Blick auf Burtscheid, den Abteihügel mit den beiden Kirchen und das viele Grün einen Augenblick zu genießen. Die abschüssige Straße führte sie hinunter zum Markt. Dort angekommen, beschlossen sie, in den Kurpark zu gehen und nach einem ausgiebigen Spaziergang ließen sie sich schließlich an einem Tisch im dortigen Café nieder.

»Ach Cherie! Ich fühle mich hier so gut. Die Kur scheint Wunder zu wirken. Ich freue mich so sehr, dass du kommen konntest. Wir werden die Tage hier wahrhaftig genießen.«

»Die Nächte inbegriffen«, schmunzelte er ihr zu. Er legte seine Hand auf die ihre und drückte sie leicht.

Sie ließen keinen Ball aus, keine Veranstaltung, die sowohl in Borcette als auch in Aix-la-Chapelle angeboten wurde. Sie trafen Gäste aus ganz Europa, Fürst Czartoryski aus dem weiten Osten ließ sich auch gerade in dem mondänen Kurort blicken. Erst dieser Charmeur ließ Robert tatsächlich an der Treue seiner Gattin zweifeln, doch diese zerstreute seine Bedenken. Jede Nacht. Mehrmals. Sie berauschten sich an den wilden Kutschenfahrten in die Umgebung und badeten öfter, als ihr Kurarzt es für nötig hielt.

Der Leibarzt der Madame de Beauville träumte indessen von der berauschenden Nacht, die er nach dem ausgiebigen Baden mit ihr verbracht hatte und hielt sich weitgehend im Hintergrund. Ab und an konsultierte er die Kurärzte, um sich nicht komplett in den Erinnerungen zu vergessen. Das bisschen Disziplin zahlte sich aus, denn er erfuhr allerlei über die aktuellen Behandlungsmethoden.

Als sie einen Monat später schweigend auf ihr Gut in Lothringen zurückfuhren, erlebte Margot mehrmals in Gedanken die heißen Nächte an den warmen Quellen in Borcette. Der Gesichtsausdruck ihres Gatten verriet ihr, dass er an dasselbe dachte. Nur die zeitweise finstere Miene des Doktors konnte sich Margot nicht erklären.

Weitere zwei Monate später stellte Madame de Beauville fest, dass ihre Periode erneut ausgeblieben war. Ihr Herz raste vor Freude. Das konnte nur eins bedeuten: Sie war schwanger geworden! Auch Robert war überglücklich. Seine Freude erhielt sieben Monate später einen kleinen Dämpfer, als er in die dunklen Augen seines Erstgeborenen blickte. Er überflog die Augen aller seiner Verwandten, verlor schließlich dabei die Geduld und beschloss, sich einfach nur über seinen Sohn zu freuen – vor allem wenn er in das lachende Gesicht des kleinen Ferdinand sah.

Doktor Montvieux zeigte sich überdurchschnittlich besorgt um das Wohlergehen des Jungen und kontrollierte seine Entwicklung mit stets wachendem Auge, das genauso schwarz war, wie die Augen Ferdinands de Beauville.

Es steht mir nicht zu, die genetische Streuung, die die Kuraufenthalte in Burtscheid zur Folge hatten, zu beurteilen, geschweige denn zu verurteilen, so erlaube ich mir doch, abschließend einen alten Reim herbeizuführen: »Für unfruchtbare Frauen ist das Bad das Beste, was das Bad nicht schafft, das schaffen die Gäste.«

Burtscheider Viadukt, um 1845 (Quelle: https://www.eisenbahn-stolberg.de/170-jahre-rheinische-eisenbahn-von-koln-nach-aachen/)

Eine Brücke, die verbindet – und trennt

Wer heutzutage vom Burtscheider Markt her Richtung Nordosten wandelt und den »weltberühmten« Viadukt erreicht, bekommt das Gefühl, an einer Grenze angekommen zu sein, hinter der sich eine andere Welt auftut. Oder zumindest ein anderer Stadtteil von Aachen.

Wer heutzutage durch das Frankenberger Viertel Richtung Südwesten spaziert und den Viadukt erreicht, bekommt das Gefühl … Ja genau.

Doch Hand aufs Herz: Wie viele von Ihnen – Kurgäste, aber auch hinzugezogene Aachener – können sich da des Eindrucks nicht erwehren, dass hier etwas aneinander trifft, das irgendwie nicht zusammen gehören möchte? Vom Zusammenwachsen dieser zwei Welten dürfte also keine Rede sein? Und dennoch!

Das Wunder der Technik, wie der Viadukt nach seinem Erbauen mit Stolz genannt und auf Postkarten präsentiert wurde, sollte nicht trennen, sondern verbinden – und zwar in erster Linie Aachen mit dem Rest der Welt, die bereits an das Eisenbahnnetz angeschlossen war.

Als 1834 die erste mit Dampf angetriebene Lokomotive, die ein paar offene Waggons schwer keuchend hinter sich herzog, in Brüssel vorgestellt wurde, brannten heftige Diskussionen auf. Das Monster sollte Menschen töten. Man würde sich in Lebensgefahr begeben, wenn man es bestieg. Schnelles Fortbewegen wäre äußerst gesundheitsschädigend. Außerdem würde das Ding nur auf Schienen fahren, wäre also nicht überall einsetzbar. Man müsste zuerst entsprechende Trassen anlegen, womöglich Bauern von ihren Feldern vertreiben. Geschweige denn die Arbeitslosigkeit der Fuhrleut, denen man die Arbeit durch das dampfende und fauchende Monster entziehen würde, da die Eisenbahn viel mehr Menschen und Waren zu befördern im Stande wäre. Die Liste der Argumente gegen die Eisenbahn war so lang wie die Strecke Köln–Aachen, und diese sollte noch weiterreichen, denn bis nach Antwerpen beziehungsweise Brüssel. Ohne dieses neue Fortbewegungsmittel wäre Aachen von der modernen Welt praktisch abgehängt worden. Und dabei hatte die Stadt industriell bereits Beachtliches zu bieten: die Tuchhersteller, Nadelfabriken oder Maschinenfabriken. Sie alle brauchten den Anschluss an das europäische Eisenbahnnetz.

Unser reizendes Burtscheid lag im Tal der Wurm südlich von Aachen, gerade dort, wo die Trasse von Köln zur belgischen Grenze verlief. Eine Linie durch diese hügelige Gegend zu bauen, erforderte eine besondere Planung, einige Tunnel und Brücken würden die Baukosten in die Höhe treiben, was die Kölner Eisenbahngesellschaft ursprünglich zu vermeiden suchte, indem sie die Trasse über Eschweiler und Kornelimünster geplant hatte. Aber da hatten die Kölner ihre Rechnung ohne die Aachener Unternehmer gemacht. Eine Gesellschaft wurde gegründet, die den Bau der Eisenbahnlinie nicht nur fördern, sondern auch finanzieren sollte: das Aachener Eisenbahnkomitee. Seine Arbeit gestaltete sich nicht nur aufgrund der Topografie der Gegend um Aachen äußerst schwierig. Doch die Stadt konnte sich glücklich schätzen, als sie ihren besten Mann in den Kampf schickte, denn kein geringerer als David Hansemann vertrat ihre Interessen – und das tat er erfolgreich: Nachdem der Burtscheider Nadelfabrikant Heinrich Pastor die Linie zwischen Burtscheid und durch Aachen hindurch erarbeitet hatte, die weiter nach Belgien führen sollte, wurden königlicherseits entsprechende Konzessionen erteilt und die Bauarbeiten konnten beginnen.

Die Eisenbahnlinie schmiegte sich zuerst entlang der Burtscheider Südgrenze an Rothe Erde und Forst vorbei, umkreiste dann die feuchten Niederungen des noch nicht existierenden Frankenberger Viertels und führte schließlich über das Wurmtal. Und gerade hier – zur Überwindung der Höhenunterschiede – wurde das technische Geschick zweier Ingenieure benötigt: A.E. Pickel und F. Wittfeld.

Am 13. Oktober im Jahre 1838 erfolgte die Grundsteinlegung – und die Bauarbeiten begannen. Drei Jahre später wurde das technische Weltwunder in Backstein feierlich in Betrieb genommen.

Langsam, Bogen für Bogen, entsteht das Ungetüm – und macht den Menschen Angst. Die Bögen sind beinah so hoch wie Kirchentürme. Die zwei Ingenieure laufen die Baustelle auf und ab, überprüfen ständig ihre statischen Berechnungen. Es scheint, als würden sie mehr Zeit am Bau verbringen als die Hunderten von Arbeitern, die das Glück hatten, hier eine Beschäftigung zu bekommen.

»Lennet, pass doch auf, wo du trittst, du Tuppes!« brüllt ihn der Meister scharf an, ein Mann um die fünfzig in einem abgetragenen dunkelroten Hemd, dessen Farbe bereits stark verwaschen ist.

»Selber Tuppes«, murmelt Lennart Bock, ein einfacher Bauarbeiter und tritt einen Stein, der ihm in den Weg gerollt ist. Er spuckt in die Hände und packt seinen Karren an, der mit Backstein vollbeladen wartet.

Lennart ist eigentlich noch zu jung, um diese schweren Steine zu schleppen, aber wen juckt's. Er *muss* arbeiten. Sein Vater sitzt im Zuchthaus, weil er an den Unruhen vor acht Jahren teilgenommen und es nicht geschafft hat, sich rechtzeitig in Sicherheit zu bringen. Zweiundsechzig Männer waren damals verurteilt worden, allesamt arm wie die Kirchenmaus und damit nicht im Stande, die Zerstörungen an Haus und Mobiliar des Fabrikanten Cockerill zu ersetzen. Nun muss Lennart arbeiten, genauso wie seine Mutter, zwei ältere Brüder und Mariechen, das Küken in der Familie. Sie hilft der Mutter beim Aussortieren der Nadeln und so trägt auch die Kleinste der Bocks zum erbärmlichen Einkommen der Familie bei. Das schmerzt Lennart am meisten. Er will nicht, dass seine Schwester arbeiten geht. Sie ist erst acht und so klein und zierlich.

Lennart ballt die Hände zu Fäusten und sieht Nagel an, den Ingenieur, der hier das Sagen hat. Und der sagt viel und erklärt viel. Lennart hat sich schon einmal gefragt, ob man den für die Wörter bezahlt oder für seine Berechnungen. Nagel scheint nett zu sein, aber helfen kann er den Arbeitern nicht. Er muss sie kontrollieren, alles persönlich überprüfen. Und wenn etwas nicht stimmt, redet er mit dem Meister und der brüllt die Leute an. Dieser kann wohl nicht normal sprechen. Vielleicht hat er Angst, wenn etwas schief geht, wird eben er dafür verantwortlich gemacht.

Plötzlich fliegt dem Ingenieur ein Papierblatt aus der Hand, doch er bemerkt es nicht. Aber Lennart. Er eilt zu ihm, hebt es auf und streckt dem Mann seine schmutzige Hand mit dem weißen Blatt, auf dem Unmengen von Zahlen und Zeichen stehen, entgegen. Der Meister erscheint wie aus dem Nichts, will Lennart das Blatt aus der Hand reißen und brüllt ihn an:

»Was erlaubst du dir, du Lümmel. Arbeiten sollst du!«

Eine schwere Hand landet auf seinem Rücken und Lennart torkelt. Nagel zuckt zusammen, sieht den Meister an, dann den schmächtigen Jungen, der sich duckt und dennoch das Blatt fest in der Hand hält.

»Vielen Dank, mein Junge. Vielen Dank. Das Papier hier ist wichtig.« Der Ingenieur nimmt Lennart das Dokument ab und zeigt mit dem Kopf darauf. »Diese Zahlen sind von größter Wichtigkeit. Ohne die würde hier nichts gehen.«

Lennart senkt zunächst den Kopf, doch dann wagt er etwas Unvorstellbares, etwas, was er noch nie in seinem Leben getan hat: Er sammelt seinen ganzen Mut zusammen und fragt: »Warum? Warum sind sie wichtig?«

Der Meister ist außer sich vor Zorn. Tief holt er Luft und zum Schlag aus. Lennart bemerkt es und weicht zurück.

»Willst du etwa Philosoph werden? Mach, dass du den Karren schnappst und die Steine darüber bringst.« In seiner Stimme klingt Hohn.

Nagel scheint ihn überhört zu haben, vertieft in seine Berechnungen. »Warum?« Nagel wiederholt die Frage und hält einen Augenblick inne. »Meister Nelles. Ich denke, Sie könnten diesen Jungen hier entbehren …«

Nelles holt Luft, will protestieren, doch Nagel winkt ab.

»Ich brauche einen, der mir die Sachen trägt und aufpasst, dass sie nicht verlorengehen. Ich denke, der Junge eignet sich gut dafür. Das tust du, oder?«, fragt er, und Lennart nickt eifrig.

Der Meister gibt aber noch nicht auf: »Für wie lange, Herr Ingenieur? Wir haben hier viel zu tun. «

»Ich lasse Sie wissen, wenn ich ihn nicht mehr brauche.« Mehr sagt Nagel nicht. Er braucht seine Entscheidungen vor einem Meister nicht zu rechtfertigen. Er hat im Gesicht dieses Jungen etwas gesehen, etwas wie Neugier, Wissbegier und einen starken Willen. Das hat ihm gefallen. Er hat Lennart schon vorher beobachtet und gesehen, wie der Junge den Karren anfasst, wie er die Backsteine und Steine auflädt, damit sie nicht herunterfallen. Er scheint alles zu überdenken. Vielleicht könnte er dem Jungen etwas beibringen. Einen eigenen Sohn hatte ihm Gott verwehrt. Seit sieben Jahren war er jetzt verheiratet und hatte nur Mädchen gezeugt, drei Mädchen.

Er drückt Lennart eine große Papierrolle in die Hand. Dieser ergreift sofort die Gelegenheit, dem Meister und der knochenharten Arbeit zu entfliehen. Er weiß nicht, was das alles zu bedeuten hat, aber er spürt, dass das sein Glückstag ist.

»Kannst du lesen?«

»Ich?«, Lennart lacht auf und verstummt augenblicklich. »Ich kann nur arbeiten. In meiner Familie hat niemand Zeit zum Lernen.«

»Jetzt schon«, sagt Nagel entschlossen und schubst Lennart vor sich her. »Aber zuerst gehst du zu Herrn Ingenieur Weißfeld und bringst ihm diese Papierrolle. Dann lässt du dir eine Mappe aushändigen, er wird schon wissen welche. Damit kommst du sofort zu mir. Ich brauche sie dringend hier. Sonst können wir nicht weiter bauen«, sagt er und betrachtet den siebten Bogen, an dem die Maurer die letzten Arbeiten ausführen. »Bald müssen wir zu Doppelbögen wechseln«, murmelt er, aber Lennart ist schon auf dem Weg zu dem Ingenieur, den er noch nie auf der Baustelle gesehen hat.

Einer der Meister zeigt ihm den Weg und wenig später kommt er hechelnd vor ein großes, offenes Zelt. Dort steht ein nicht minder imposanter Tisch, der fast die ganze Zeltbreite in Anspruch nimmt. Darauf stapeln sich Berge von Papieren und Mappen, so dass der Mann dahinter kaum zu sehen ist. Lennart zögert, bevor er seine Anwesenheit durch ein unsicheres Husten ankündigt.

»Was? Wer ist da?!« Der Mann hinter dem Tisch erhebt sich, aber wohl nicht sehr, denn jetzt sieht Lennart nur seinen Kopf und die Schultern. Der Mann kommt schließlich hinter dem Tisch hervor und Lennart muss grinsen. Und das soll ein Ingenieur sein? So klein? – fragt er sich, und der Gedanke wird ihm auf einmal peinlich, so dass er den Blick senkt.

»Ich komme von Herrn Ingenieur …«

»Ja, ja. Gib mir schon die Rolle. Und hier ist die Mappe. Hat der Herr …« Weißfeld schmunzelt unmerklich, weil er Angst in Lennarts Augen entdeckt hat. »Will Herr Nagel mich noch etwas wissen lassen?«

Lennart reibt sich die Hände an seiner schmutzigen Hose, tritt von einem Fuß auf den anderen und schüttelt den Kopf.

»Neeein, Herr.«

»Na dann, ab mit dir.«

Der Junge schnappt nach der Mappe und trollt sich. »Auf Wiedersehen«, winkt ihm der alte Herr zu und lacht. »Ich muss wohl aussehen wie das Bahkauv selbst, he, he.«

»Morgen um sechs kommst du direkt zu mir in mein Büro. Vorher wirst du dich ordentlich waschen und sauber anziehen«, sagt Ingenieur Nagel, als sie am Abend vor seinem Haus angekommen sind.

Lennarts Augen werden immer größer. »Ich?« Er zeigt mit dem Finger auf sein schmutziges Hemd, sieht es an und lässt die Arme hängen. Wie soll er das machen? Seine Mutter arbeitet, bis es dunkel wird. Und wann soll er sich waschen?

Nagel scheint in seinen Gedanken zu lesen. »Nein. Du kommst einfach zu mir. Durch den Eingang für Dienstboten. Mein Dienstmädchen wird dir alles erklären.«

»Jawohl, Herr Ingenieur«, entgegnet Lennart mit fester Stimme, was von ihm erwartet wird. Aber da ist Nagel bereits im Haus verschwunden und hat die Tür hinter sich zugezogen.

Der Junge geht schnellen Schrittes nach Hause, denn es ist bereits spät. Er wohnt in einem der Mehrfamilienhäuser im Arbeiterviertel, weit weg von dem vornehmen Haus des Ingenieurs in der Jakobstraße. In dem Wort Mehrfamilien steckt eine Menge Spott, findet er. Ein Zimmer und eine Küche teilt er mit seinen Eltern und drei Geschwistern – sechs Personen in diesem kleinen Loch. Na ja, eigentlich nur fünf, da der Vater im Gefängnis einsitzt. Dabei müssten sie sich eigentlich glücklich schätzen. Die anderen haben noch weniger Platz. Aber man lebt ja nicht, um zu wohnen, sondern um zu arbeiten – das hat einmal ein Nachbar gesagt, doch Lennart hat es nicht glauben wollen. Nein, es gibt da draußen noch ein anderes, ein besseres Leben, auch für solche Leute wie ihn. Bestimmt.

Er pfeift leise und läuft die Jakobstraße lang, überquert den Karlsgraben und biegt in das Rosviertel ein. Es ist spät geworden und seine Mutter schimpft, als er in der Tür erscheint. Zu essen gibt es wiedermal nur dünne Suppe mit einer Brotkante. Sein Magen meldet laut seine Ansprüche, doch er ist nicht der einzige. Alle fünf setzen sich an den

Tisch und essen. Langsam kauen sie an dem Brot, um den Magen zu täuschen.

»Mama, der Herr Ingenieur Nagel hat mich morgen früh zu sich kommen lassen. Ich muss mich vorher waschen.«

»Waschen? Morgen ist doch Mittwoch. Samstag ist der Waschtag.« Die Mutter empört sich wie über jede Sache, die vom täglichen Trott abweicht. Man müsste ja dabei denken, etwas verändern, und dafür hat sie keine Zeit und keine Kraft.

»Er will aber, dass ich für ihn arbeite …«

»Ha, ha, ha«, lacht sein Bruder Johann. »Du sollst für ihn arbeiten? Und du denkst, du kriegst jetzt eine saubere Arbeit. Du Trottel!«

»Das weiß ich nicht. Aber ich muss um sechs Uhr bei ihm zu Hause sein und nicht auf der Baustelle.«

»Nein! Das tust du nicht! Sonst verlierst du deine Anstellung, und dann haben wir nicht einmal Brot zu dieser Suppe. Willst du das etwa?« Die Mutter ist außer sich. Die panische Angst treibt ihr die Röte ins Gesicht, ihre Augen funkeln bedrohlich.

»Er arbeitet aber auch dort. Er ist der Ingenieur, der diese Brücke baut.«

»Wenn du die Arbeit verlierst, brauchst du gar nicht nach Hause zurückzukommen. So!«

Die Diskussion ist beendet. Die Mutter räumt den Tisch auf und beginnt mit einer anderen Arbeit. Solange man noch etwas sehen kann, sortiert sie die Nadeln, und die kleine Anna hilft ihr, wie immer.

Am nächsten Morgen schleicht Lennart aus der Wohnung und läuft zum Haus des Ingenieurs. Das Dienstmädchen wartet bereits auf ihn und er hat Angst, sich verspätet zu haben. Er hat ja keine Uhr. Wozu auch, er könnte sie ja doch nicht ablesen.

»Komm rein.« Sie beäugt ihn kritisch und schubst ihn in die Waschküche. »Zieh dich aus und wasch dich. Hier liegen deine neuen Kleider«, ordnet sie an. »Dalli! Der Herr wird nicht warten.« Bevor Lennart etwas sagen kann, ist sie schon verschwunden. Zögernd entledigt er sich seiner schmutzigen Sachen und wäscht sich – und fragt sich, warum er das alles machen soll, wenn er sowieso gleich arbeiten muss und die Kleider bald eine dicke Schicht Staub bedecken wird. Das Handtuch ist frisch und hell, so dass er zögert, sich damit zu trocknen.

»Fertig?« hört er plötzlich eine Stimme hinter der Tür. »Komm raus!« Das Dienstmädchen führt ihn in einen Raum, in dem ein großer Tisch steht, größer noch als der im Zelt des anderen Ingenieurs. Und an den Wänden stehen Schränke und Regale mit Büchern. Ergriffen bleibt er in der Tür stehen und starrt die Volumina an.

»Guten Morgen, Lennart«, begrüßt ihn Nagel. »Na komm schon. Das ist dein Lehrer, Herr Jakobs.« Er zeigt auf einen alten Mann, der Lennart streng anschaut. »Jeden Morgen wirst du zuerst zwei Stunden hier lernen und dann kommst du mit mir zur Baustelle.«

Lennart schluckt laut. Dann wird er weniger verdienen und seine Mutter wirft ihn mit Sicherheit aus dem Haus.

»Die Bezahlung bleibt.« Schon wieder hat der Mann in seinen Gedanken gelesen. Lennart betrachtet ihn mit grenzenloser Bewunderung und Dankbarkeit.

»So, mein Junge. Jetzt überlasse ich dich Herrn Jakobs. Enttäusche mich nicht!«

»Setzt dich hin. Kannst du schon ein bisschen lesen oder schreiben …?«, beginnt der alte Herr, und Lennart schüttelt heftig den Kopf.

Die Tür geht auf und zwei blonde gelockte Köpfe schauen neugierig in den Raum. Bevor Lennart den Blick hebt, ziehen sie sich kichernd wieder zurück. Wenn auch nicht freiwillig, hört man doch die strenge Stimme des Dienstmädchens im Flur:

»Husch, husch, ihr zwei. Zuerst wird gefrühstückt!« Lennarts Magen meldet sich mit lautem Knurren.

»Du hast noch nichts gegessen, nicht wahr?«, fragt Herr Jakobs und geht zur Tür. Lennart hört nicht, was dieser sagt, aber einige Minuten später werden eine Tasse Milch und eine Scheibe Brot auf den Tisch vor ihm gestellt.

»Eine kleine Pause, bevor wir weitermachen«, sagt der Lehrer.

Sein Schüler hat bereits die Zähne ins Brot gesenkt.

Zwei Wochen später beherrscht Lennart das Alphabet bereits so weit, dass er langsam lesen kann. Nagel staunt nicht schlecht über die Lernfähigkeit des Jungen, als dieser ihm während der Pause an der Baustelle den ersten Absatz seines Berichts vorliest. Er klopft ihm auf die Schulter und in Gedanken auch sich selbst. Er hat den Jungen doch richtig eingeschätzt. Man wird etwas aus ihm machen können.

»Komm mit. Wir gehen nun den Viadukt ab. Du sagst mir, ob und was dir besonders auffällt, ja?« Es ist kurz vor Arbeitsschluss und die Arbeiter packen ihre Sachen und verlassen nach und nach die Baustelle.

»Und worauf soll ich denn achten?«

»Das wirst du mir schon sagen«, lacht Nagel auf. Er möchte die Beobachtungsgabe des Jungen testen und prüfen, welche Fortschritte er im Rechnen gemacht hat.

Sie gehen zum Bogen des Viadukts und betrachten zunächst die großen Elemente. Nun verändert sich die Bauweise, die kommenden Bögen sind viel niedriger. Eine Reihe der Gewölbe ist bereits fertiggestellt worden. Die Arbeiter stellen die leeren Karren ab, das Baumaterial für heute wurde bereits vollständig vermauert. Morgen geht es weiter.

Lennart betrachtet das Bauwerk mit Begeisterung. Vergessen ist die Knochenarbeit, die er bis vor kurzem noch hat leisten müssen. Seine Augen leuchten.

»Die Bögen sind so hoch. Woher wussten Sie, wie hoch sie sein müssen?«, fragt er voller Ehrfurcht, als sie auf einmal stehen bleiben.

Ingenieur Nagel lächelt, bevor er antwortet. »Ich habe studiert und gelernt, wie man solche Dinge berechnet.«

»Muss man dafür lange lernen?«

»Ein paar Jahre schon.«

»Oh!« Lennart sieht resigniert zum Boden.

»Aber du könntest es bestimmt auch.«

»Neee. Bestimmt nicht«, antwortet er bekümmert, und Ingenieur Nagel versteht ihn.

»Das werden wir noch sehen.« Er klopft ihm Trost spendend auf die Schulter, doch der Trost will sich nicht einstellen. Wie wird ein armer Schlucker wie Lennart jemals studieren können?

Plötzlich hört er ein Kratzen, wie wenn Steine aufeinander gerieben werden. Oder Metall auf Stein. Mehr Zeit zum Überlegen hat er nicht, als er den Kopf hebt und einen Karren, voller Backsteine an der Kante des Gewölbes sieht. Der Karren rutscht langsam, dann immer schneller herunter – direkt über die Stelle, wo er und Nagel stehen.

»Achtung!«, ruft Lennart, reißt den Ingenieur am Arm und zieht ihn fort. Beide fallen auf den Boden. Der aufgewirbelte Staub dringt ihnen in die Augen und Kehlen. Sie husten stark und reiben sich die Augen.

»Was war das denn?«, schreit Nagel ihn empört an und steht mit Mühe auf. Lennart stützt ihn und bald klopfen sie sich die schmutzigen Kleider gegenseitig ab. Der Ingenieur inspiziert den Karren, steigt auf die Mauer und betrachtet die Stelle, wo der Karren gerade noch gestanden hat. Dort oben befindet sich niemand mehr. War das ein Zufall oder trachtet da jemand nach dem Leben des Ingenieurs?

»Du hast mir soeben das Leben gerettet, Lennart.« Nagel klopft ihm voller Dankbarkeit auf die Schulter. »Ich, ich schulde dir mein Leben«, sagt er noch und weiß nun mit Sicherheit, dass er sich in Lennart nicht getäuscht hat.

Lennart sagt nichts. Auch nicht, dass er einen Augenblick vor dem Unfall dort oben einen dunkelroten Ärmel gesehen hat, der ihm bekannt vorgekommen ist. Der Vorfall wird nicht weiter untersucht, denn Nagel beschließt, es dabei bewenden zu lassen. Es soll einfach weiter gebaut werden.

Drei Jahre später ist der Viadukt fertig, und alle Aachener warten auf die feierliche Eröffnung und Inbetriebnahme dieses Wunders der Technik. Man schreibt das Jahr 1841.

Die Spätsommersonne wärmt noch sehr angenehm, und Lennart könnte sich einen Tag im Freien vorstellen. Erika, die ältere Tochter des Ingenieurs Nagel, fast so alt wie er, scheint ihn zu mögen. Er könnte sie zu einem Spaziergang nach Burtscheid einladen. Allerdings muss er noch viel lernen. Herr Jakobs ist mit der Zeit immer strenger geworden und lässt keinen Tag aus, um Lennart mit neuen mathematischen Rechnungen zu beschäftigen. Er lernt auch Erdkunde und Physik. Alles ist so kompliziert, dass sich der Junge wundert, wie man das ganze Wissen überhaupt beherrschen kann. Doch morgen, morgen hat er keinen Unterricht. Morgen, am 1. September, wird das Viadukt eröffnet. Da gehen alle hin, auch Lennarts Mutter und die Geschwister. Es ist wie ein Feiertag und Lennart ist stolz, hat er doch seinen Teil zu diesem Bauwerk beigetragen.

Am nächsten Tag steht er mit seiner Familie vor dem Viadukt, natürlich weit abseits der vornehmen Aachener Gesellschaft, und verfolgt gespannt die Zeremonie. Von Weitem sieht er den Ingenieur, seine Frau und deren drei Töchter. Erika scheint jemanden in der Menge zu suchen. Dann erblickt sie ihn und lächelt. Und Lennart ist glücklich und strahlt zurück. Es stört ihn nicht, dass seine Mutter ihn streng von der Seite anschaut. Sie denkt, was jede Mutter an ihrer Stelle denken würde: Es ist doch nicht seine Kragenweite, zu groß ist der gesellschaftliche Unterschied zwischen den beiden, der Junge soll sich keine Hoffnungen machen. Lennart ist das egal. Nach der Eröffnung wird er auf Herrn Nagel zugehen und bitten, einen kurzen Ausflug mit Erika unternehmen zu dürfen.

Er kann es nicht fassen, als er später die Antwort auf seine Bitte hört: »Ja. Macht euch einen schönen Tag, Kinder«, sagt Herr Nagel und nickt seiner Tochter Erika aufmunternd zu. Seine Frau will protestieren, aber er ergreift ihre Hand und küsst sie. Ihr Gesicht entspannt sich und sie nickt nun zustimmend.

»Bevor ich es mir anders überlege …«, sagt sie schmunzelnd, und Erika versteht.

»Na komm schon.« Sie schnappt Lennarts Hand.

»Aus ihm wird einmal ein richtiger Ingenieur, begabt wie er ist. Man musste ihm nur eine Chance geben«, sagt Nagel scheinbar beiläufig.

»Ja, mein Liebster«, antwortet seine Frau, denn sie kann gut beobachten und weiß schon jetzt, dass ihre Tochter diesen künftigen Ingenieur einmal heiraten wird.

Was verbindet oder trennt nun unser Viadukt?

Er hat einen Jungen aus einfachen Verhältnissen mit einer Tochter aus einem sogenannten besseren Haus verbunden, zumindest in meiner Geschichte.

Durch seinen Bau wurde Aachen mit dem europäischen Eisenbahnnetz verbunden.

Und was ist mit Burtscheid? Der Viadukt scheint das abteiliche Burtscheid von dem modernen Frankenberger Viertel zu trennen. Tut er es oder doch nicht? Die Antwort auf diese Frage überlasse ich gerne den Bewohnern dieses Stadtviertels von Aachen.

Abschließend einige Details für Zahlenfetischisten:

Nach Plänen der Ingenieure A.E. Pickel und Friedrich Wittfeld wurde 1838 mit dem Bau des Viadukts, das die beiden Hänge des Wurmtals verbinden sollte, begonnen. Am 1. September 1841 wurde es feierlich eröffnet. Der Viadukt war ursprünglich 277 Meter lang, bis zu 16 Meter hoch und aus Backstein gemauert. Die drei östlichen Bögen haben 2,7 Meter Stützweite, dann geht es in eine Bogenreihe mit acht großen Bögen mit je 12,2 Meter Stützweite über. Es folgt ein aufgelöstes Widerlager, ein großer Mittelpfeiler mit je vier Bögen in zwei Reihen übereinander und schließlich folgen weitere elf Bögen von je sechs Metern Stützweite. Im Westen lag die Überführung über die Kurbrunnenstraße, diese wurde jedoch am 16. Oktober 1944, kurz vor der Einnahme Aachens durch die Alliierten von einem SS-Kommando gesprengt und nach dem Krieg durch eine Stahlbrücke ersetzt. Die Gesamtlänge des gemauerten Viaduktes beträgt jetzt lediglich 251 Meter.

Der Luftschutzbunker in der Goffartstraße heute – einer der wichtigsten Mittelpunkte der Musikszene in Aachen. (Quelle: Renata A. Thiele)

Die Frankenberger und ihre Geheimnisse

Die Geburt des Frankenberger Viertels war eine schwere. Als sich 1872 die Aktiengesellschaft etablierte, um ein neues Wohnviertel zu errichten, gehörte die Gegend noch zur Stadt Burtscheid, bevor diese 25 Jahre später dem benachbarten Aachen eingemeindet wurde. Und Burtscheid war nicht ganz mit den Bauplänen einverstanden, zögerte also seine Zusage so lange wie möglich hinaus, denn eine wichtige Vorgabe wurde wohl nicht eindeutig definiert: Sollte das Frankenberger Viertel einen ländlichen, villenartigen Charakter bekommen oder sollte der Bebauungsplan vielmehr geschlossene Häuserreihen berücksichtigen? Für wen sollte also gebaut werden? Erst als sich Aachen und dann auch noch die Berliner Regierung eingeschaltet hatten, erhielt die Gesellschaft 1874 die ersehnte Baukonzession. Fröhlich bunt und in verschiedenen Stilen – Jugendstil, Gründerzeit, Neobarock, Klassizismus – wurde schließlich ein beträchtlicher Wohnraum für die gehobene Mittelschicht geschaffen.

Heute wird das Viertel von sehr unterschiedlichen Bewohnern belebt, was ihre Finanzkraft und Weltanschauung angeht, eines betonen aber alle: Sie sind stolz auf ihr Wohnviertel mit der Altstadtidylle, wo jeder jeden kennt und man immer zu einem Schwätzchen bereit ist. Wo jedem geholfen wird und wo Bürgerinitiativen schnell ins Leben gerufen werden, wehrt man sich doch standhaft gegen jede »unvernünftige« Entscheidung der Stadt, die in das beschauliche Leben der Frankenberger radikal einzugreifen droht.

Die tiefen Gräben, die das Viertel und Burtscheid so lange trennten, scheinen mittlerweile zugeschüttet zu sein – obwohl man hier eigentlich vom Planieren eines Damms reden müsste. So sieht man Burtscheider mit und Frankenberger heutzutage einvernehmlich bei einem Bierchen im »Insulaner« sitzen und zufrieden schmunzeln.

»Herrlich!« Der alte Mann zieht mit der Nase entlang einer Short Churchill und atmet ihren Duft mit voller Brust ein. Am Ende des guten Stücks angekommen, öffnet er die Augen und lächelt den Tabakhändler seines Vertrauens an. Dieser nickt zufrieden. Er kennt seine Kundschaft, er weiß, was sie braucht.

Ludwig Krämer bezahlt die Dreierschachtel seiner Lieblingszigarren, verlässt das Geschäft und steuert das Café nebenan an. Hier wird eine ausgepackt, angeschnitten, angezündet – und genossen. O ja, das wird sie. Und während er an seinem Stammplatz sitzt und die Sonne seine alten Knochen angenehm wärmt, entspannt sich sein Gesicht und er lässt die Gedanken schweifen. Nein, nicht in die Ferne. Unweigerlich wandert er in die alte Zeit zurück, als er noch als Zwölfjähriger mit seinen Eltern in diese Gegend gezogen ist. Er scheint eingedöst zu sein, doch ab und zu hebt er seine Zigarre zum Mund und zieht daran, langsam und bedächtig. Der Rauch verbleibt ein Weilchen in der Lunge, bevor Krämer ihn ausstößt – und dabei glückselig seufzt.

Er lief mit seinem verbeulten Schulranzen auf dem Rücken zur Schule. Zunächst ging es vorbei an der teilweise zerstörten Burg Frankenberg. Der Bunker dahinter machte ihm ein bisschen Angst, und er war froh, nicht direkt an ihm vorbeigehen zu müssen. Dann bog er ein in die Straße, die zum Viadukt führte. Die Straßennamen hatte er sich nicht gemerkt, aber der Viadukt war für ihn ein guter Orientierungspunkt. Jetzt musste er nur noch in die Straße einbiegen, die hinauf zum Michaelsberg führte. Dort neben der Michaelskirche befand sich seine Schule.

Endlich war er auf dem Schulhof angekommen. Seine neuen Kameraden beäugten ihn immer noch misstrauisch, obwohl er schon seit einem Monat diese Schule besuchte. Sein Vater war ins Aachener Polizeipräsidium versetzt worden, so hatte die Familie ihren Heimatort in der Eifel verlassen und nach Aachen ziehen müssen. Zuerst hatte Ludwig in der Schule nicht erzählen wollen, was sein Vater machte, um die Jungs nicht zu verschrecken. Vielleicht war eben das der Grund für deren Zurückhaltung. Die Tage vergingen und er fühlte sich immer noch nicht in der Klasse aufgenommen. Ganz allein ging er jeden Tag nach dem Unterricht nach Hause zurück und fragte sich, wie lange es dauern würde, bis man ihn hier wirklich akzeptierte.

»Hey, du«, rief Kurt ihm plötzlich zu, der Anführer der Bande, die aus den Jungs in seinem Straßenblock bestand. »Komm doch her!« Als Ludwig zögerte, fügte er hinzu: »Hast du etwa Angst?«

»Ich?« Etwas Unsicherheit schlich sich doch in Ludwigs Stimme ein.

»Nein, der Papst«, erwiderte Kurt. »Ha, ha, Jungs. Seht, der macht sich gleich in die Hose!« Kurt lachte gekünstelt und stellte sich Ludwig breitbeinig in den Weg.

»Was willst du von mir?«

»Dein Vater ist doch Polizist, ja?«

»Ja und?« Er schluckte laut. Sie hatten es herausgefunden.

»Dann bist du sein Spion.«

»Nein! Bin ich nicht!«, rief er empört zurück. »Das darfst du nicht sagen.«

»Sonst was?«

»Was meinst du mit *sonst*?«

»Sonst erzählst du es ihm, was? Du Memme!«

»Ich bin keine Memme.«

»Ach nein?! Beweise es.«

Ludwigs Blick wanderte von Kurt zu den Jungs und zurück, dabei überlegte er, was er würde anstellen müssen. Er stellte sich vor, dass er einen Frosch aufschneiden oder ein Eichhörnchen fangen, oder auch einen Regenwurm schlucken müsste. Was auch immer kommen mochte, er musste sich der Herausforderung stellen, sonst würde er bis zum Ende der Schulzeit Außenseiter bleiben und keiner würde mit ihm befreundet sein wollen. Dabei würde er so gerne endlich Freunde haben. Die in der Eifel waren ja weit weg.

»In Ordnung. Was soll ich machen?« Kurt sah ihn lange an.

»Du … du kennst doch den Bunker?«

»Welchen Bunker denn?«

Es konnte sich nicht um den an der Burg handeln. Oder doch?

»Na den hinter der Frankenburg, wo die Leute nach dem Krieg gewohnt haben.«

»Ja, nein. Eigentlich nicht.«

»Dann sollst du ihn kennenlernen. Am Samstagabend bekommst du eine Aufgabe. Wenn du sie bestehst, darfst du mit uns abhängen.«

Ludwig zog die Augenbrauen hoch. Abhängen? Dafür sollte er in irgendeinen Bunker steigen? Nicht dass er Angst hätte, sprach er sich in Gedanken Mut zu. Er verstand einfach die städtischen Jungs nicht, und Kurts Gehabe fand er überhaupt sonderbar. In der Eifel spielte man andere Spiele.

»Kneifst du?«, riss ihn Kurts Stimme aus den Gedanken.

»Was? Nein. Warum?«

»Gut, dann vergiss das nicht.«

Die Volksschule auf dem Michaelsberg war nicht groß, die Klassen waren gemischt. Auch Mädchen besuchten sie. Es gab vermutlich nicht genügend Kinder für getrennte Schulen, dachte Ludwig, als er die Klasse zum ersten Mal betreten hatte. Aber er hatte sich schnell daran gewöhnt.

»Warte doch!«, hörte er ein dünnes Stimmchen hinter sich.

Er drehte sich um und sah ein Mädchen aus der Klasse unter ihm, das ihm hinterherlief.

»Warte doch! Wir gehen denselben Weg. Da könnten wir ja zusammengehen. Ist viel schöner, nicht?«

Ludwig nickte und betrachtete ihre kurzen, dünnen schlohweißen Zöpfe und die hellen Augenbrauen und Wimpern, die ihre großen blauen Augen umgaben. Sie leuchtete förmlich und hätte in der Nacht die Gegend erhellen können, ging ihm durch den Kopf.

»Wie heißt du denn?«

»Ludwig! Und du?«

»Anneliese, aber du kannst Anne zu mir sagen. Liese mag ich nicht.«

»Aha«, entgegnete er, verstanden hatte er es aber nicht. Frauen waren schon komisch.

»Woher weißt du, wo ich wohne?«, wollte er wissen.

»Du wohnst nur zwei Häuser weiter als wir. Ich sehe dich jeden Tag, wenn du zur Schule gehst. Du läufst aber immer einen Umweg. Und gehst natürlich immer viel früher los.« Sie kicherte.

»Soso.«

»Ja, doch. Sieh mal: Dieser Weg hier ist viel kürzer.« Sie zeigte auf einen Trümmerhaufen, in dem er keinen Weg erspähen konnte. Nach ein paar Schritten eröffnete sich ihm allerdings, wie durch den Schwenk eines Zauberstabs, ein schmaler Pfad zwischen den Fabrikruinen. Auf diese folgten Trümmer der Wohnhäuser. Anne führte ihn über zerstörte enge Gärten und Hinterhöfe und an Behelfsunterkünften in den kleinen Häusern hinter den bröckelnden Fassaden der vorderen Reihen vorbei. Es kam ihm vor, als leitete sie ihn gezielt durch ein Labyrinth, damit er nie wieder den Weg hinaus finden könnte.

»Nicht so schnell«, rief er ihr schließlich hinterher. »Ich muss mir doch alles anschauen. Sonst kann ich mir den Weg nicht merken.«

»Dann gehst du eben ein paar Mal mit mir zusammen, bis du es weißt.«

Ludwig wusste nicht, ob Anne sich über ihn lustig machte oder einfach nur praktisch veranlagt war. Oder aber mochte sie ihn einfach. Er schüttelte den Kopf – sie kannten sich doch noch gar nicht.

»Dein Vater ist Polizist, nicht wahr?«

»Jetzt geht das schon wieder los!«

»Warum regst du dich so auf? Habe ich etwas Falsches gesagt?«

»Alle wollen nur hören, wo mein Vater arbeitet.«

»Entschuldige. Aber du musst zugeben: Das ist schon interessant. Er erzählt dir bestimmt spannende Geschichten oder etwa nicht?

»Nein, tut er nicht. Seine Arbeit lasse er in seinem Büro, sagt er immer.«

Aber das stimmte nicht ganz. Einmal, da war sein Vater sehr aufgeregt nach Hause gekommen und wollte nicht einmal mit der Mutter sprechen. Er hatte seinen Mantel in der Garderobe aufgehängt und war im Wohnzimmer verschwunden. Er, Ludwig, durfte nicht hinein. Er sollte in seinem Zimmer spielen. Als er aber durch den Flur gegangen war, da hatte er ein Foto bemerkt, das aus der Manteltasche seines Vaters herausgefallen war. Darauf war ein Mann abgebildet, der Ludwig prompt in Angst versetzt hatte. Er hatte einen sehr grimmigen Blick, war unrasiert und sein zerzaustes Haar stand nach allen Richtungen hin ab. Ludwig fiel es schwer, allein in seinem Zimmer zu bleiben, und er schlich ins Wohnzimmer, auch auf die Gefahr hin, von seinem Vater dafür bestraft zu werden.

»Papa, was ist das für ein Mann da?« Er zeigte auf den Fußboden im Flur.

Sein Vater brummte irritiert und ging hinüber. Während er das Foto vom Boden aufnahm, schien er zu überlegen, wie er es seinem Sohn erklären sollte.

»Nun. Das ist ein Verbrecher«, begann er vorsichtig.

»Was ist ein Verbrecher, Papa?«

»Jemand, der etwas sehr Böses getan hat. Wenn du diesen Mann hier einmal auf der Straße sehen solltest, sprich nicht mit ihm, sondern lauf sofort weg. Versprichst du mir das?«

»Ja, Papa.« Ludwig nickte mehrmals eifrig. Auch ohne diese Warnung hätte er genau das getan.

Aber der Junge hatte diesen Mann nie gesehen. Und jetzt wollte er nicht einmal über ihn reden. Also schwieg er, und Anne verstummte ebenfalls. Allerdings blickte sie ein bisschen gekränkt drein, und Ludwig beschloss, das Thema zu wechseln.

»Hinter der Burg ist ein Bunker. Kennst du ihn?«

»Mhm.«

»Darf man da rein?«

»Nein. Mein Vater sagt, da gibt es nichts mehr zu holen, nachdem die Leute da ausgezogen sind.«

»Haben da wirklich Menschen drin gewohnt?«

»Wo sollten sie denn sonst gewohnt haben? Die ganze Innenstadt war zerbombt.«

»Hast du etwa auch …?«

»Nein, wir hatten Glück. Unser Haus stand noch da, als wir nach dem Kriegsende nach Aachen zurückgekommen sind. Aber warum fragst du nach dem Bunker?«

»Ach, nur so«, murmelte Ludwig betont gleichgültig. Sie nahm es ihm aber nicht ab.

»Du willst bestimmt in den Bunker. Das ist aber verboten. Er könnte einstürzen.«

»Einstürzen? Ein Bunker? Du machst wohl Witze.«

»Ich weiß nicht. Mein Vater sagt …«

»Er will dir bestimmt nur Angst machen.«

»Na und«, sie zuckte mit den Schultern. »Ich habe trotzdem keine Lust, da reinzugehen. Es stinkt dort bestimmt fürchterlich.«

Sie verfielen in Schweigen und erreichten so Annes Haus.

»Na dann, Tschüss!«, sagte sie plötzlich und verschwand im Flur.

Ludwig trat ein paar Steinchen vor ihrem Hauseingang und ging schließlich weiter, in Gedanken versunken. Was für eine Aufgabe könnte Kurt ihm geben? Es wäre ja gut, sich darauf vorzubereiten.

Doch darauf, was kommen sollte, konnte er sich nicht vorbereiten.

Ludwig hatte Glück, dass er eine Taschenlampe mitgenommen hatte, und im letzten Augenblick auch noch Kreide eingesteckt, als er am nächsten Abend statt in sein Bett leise aus der Wohnung schlich.

Kurt und seine Bande warteten an der Ecke zur Turpinstraße auf ihn.

»Und? Bist du bereit?«, fragte Kurt ihn herausfordernd. Als Ludwig nickte, erklärte er ihm seine Aufgabe.

»Und wir warten vor dem Eingang, damit du nicht kneifst und wieder hier aus dem Bunker schleichst.«

Gemeinsam erreichten sie die große, schwere Tür zum Bunker und Ludwig war erstaunt, als die Jungs an ihr vorbeigingen und um die Ecke bogen. Dahinter, an der Bunkermauer, türmte sich hoch ein Trümmerhaufen. Hier blieben sie stehen. Ludwig sollte den Haufen hinaufklettern und in den Lüftungsschacht steigen. Das tat er, drehte sich noch einmal um und sah auf die Jungs hinab.

»So. Hier kommst du rein und auf der anderen Seite wieder raus.«

»Und das geht wirklich?«

»Willst du etwa behaupten, dass ich lüge?« Kurt zeigte ihm eine geballte Faust, und seine Kumpel sahen ihn gespannt an.

»Na gut.« Ludwig nahm sich zusammen und tauchte in die Dunkelheit.

Er steckte sich die Taschenlampe hinter den Gürtel und kroch tiefer hinein. Der Schacht verlief einige Meter geradeaus, dann bog er nach rechts. Es gab keine Abzweigung, also musste er dem Verlauf des Luftkanals folgen. Plötzlich ging es rasch bergab und er erreichte ein Gitter, das ihm den Weg versperrte. Ein leichter Schubs reichte, und das Gitter fiel laut krachend auf den Boden. Nachdem der Staub sich gelegt hatte, kroch Ludwig aus dem Schacht in den unterirdischen Gang. So schien es ihm jedenfalls. Hier umhüllte ihn feuchte Kälte. Es roch so intensiv nach Fäule, dass er unvermittelt würgte. Einige Minuten später gelang es ihm jedoch, den Geruch so weit zu ignorieren, dass er sich auf den Weg konzentrieren konnte. Auf dem Boden sah er im Lichtkegel seiner Taschenlampe flüchtende Mäuse, überall lag Mäusekot. Hier und da lagen Sachen, die die Bewohner nicht mitgenommen hatten, als sie endlich hier ausziehen konnten: ein verbogener Löffel, ein Schuh, eine zerbrochene Flasche, ein paar Stofffetzen. In den Wänden steckten hier und da Haken. Ein leises Platschen von Wassertropfen, die sich ab und an von der Decke lösten und in die Pfützen fielen, unterbrach die Stille.

Ludwig räusperte sich. Er gestand sich ein, dass er sich unwohl fühlte, und er fand diese Mutprobe dumm, doch jetzt es gab kein Zurück mehr. Er musste da durch, und zwar im wörtlichen Sinne. Er musste den Ausgang finden. Die noch größere Sorge aber galt seinen Eltern. Sie durften nichts davon erfahren, er musste den Bunker also bald verlassen, um rechtzeitig nach Hause zurückzukommen. Das Licht seiner Taschenlampe erhellte den Weg, verlor sich aber schließlich in der Dunkelheit: Er musste also einen großen Raum betreten haben. Hier hatten sich wohl die Menschen während der Bombenangriffe versteckt. Es schüttelte ihn. Am Ende des Raums ging es weiter. Wieder ein langer Gang ohne Türen.

Alle paar Meter machte er ein Zeichen an der Wand oder auf dem Boden, falls er doch denselben Weg würde zurückgehen müssen. Seine Mutter hatte ihm einmal eine Geschichte vorgelesen, dass jemand im antiken Griechenland, was auch immer das sein mochte, einen Faden von einer

Ariadne bekommen hatte und ihn entlang seines Weges durch das ganze Labyrinth gezogen hatte – und so hatte er später schließlich wieder herausfinden können. Aber Ludwig hatte keinen Faden. Die Kreide musste ihm genügen.

Die Wände im Gang waren kahl bis auf Streifen in fluoreszierender Farbe, die den Menschen auch in der Dunkelheit den Weg gewiesen hatten. Ludwig fühlte sich eingeengt, umzingelt von Beton und atmete immer hektischer, als gäbe es nicht genug Luft in den Räumen. Dieser Gedanke bereitete ihm noch größeres Unbehagen. Was, wenn er nicht rechtzeitig wieder an die frische Luft käme? Er beschleunigte seine Schritte, stolperte und fiel hin.

»Aua!«, stöhnte er und schniefte. Warum hatte er sich bloß dazu überreden lassen? Plötzlich hörte er Stimmen. Er hielt den Atem an und horchte. Da, irgendwo vor ihm, hörte er Schritte, die aber gleich verstummten. Die Stimmen auch. Auf einmal wurde es still, und er hörte sein Herz so laut pochen, als klopfte jemand direkt neben seinem Ohr an eine Tür. Und dann wieder ein Gespräch. Es schien ihm, als käme es immer näher, denn es wurde lauter – und aufgeregter. Da stritten eindeutig zwei Männer heftig miteinander. Ludwig bekam Panik. Sollte er seinen Gang fortsetzen oder entlang der Markierungen zurückschleichen? Dann aber würden ihn die Jungs auslachen. Er würde sich bis auf die Knochen blamieren. Nein! Das war ausgeschlossen. Er verharrte eine Zeit lang und horchte weiter.

»Du schuldest mir immer noch zehntausend Mark!«, brüllte jemand, der mit Sicherheit viel rauchte, so rau wie sich seine Stimme anhörte.

»Ja, ja. Und ich habe dir versprochen, dass, wenn die nächste Lieferung ankommt, du dein Geld zurückkriegst.« Das war einer, der vielleicht nicht rauchte, allerdings mussten ihm einige Zähne fehlen, denn er lispelte.

»Sie sollte doch heute gekommen sein.«

»Ist aber noch nicht. Was soll ich denn tun? Sie kommt bestimmt morgen.«

»Du lügst!« Auf diesen Satz folgte ein dumpfer Schlag.

»Aua, hör doch auf!«

»Du lügst doch wie gedruckt. Ich habe dich gestern gesehen. Du hast in der Kneipe gesessen und als du bezahlen solltest, hast du einen Bündel Geldscheine aus der Tasche geholt. Viel Geld war das. Du bist ein Idiot und dazu noch ein schlechter Lügner.« Der Mann griff an den Hals seines Kumpanen und begann ihn zu würgen.

Ludwig schaltete die Taschenlampe aus und wagte einen kurzen Blick hinter der Mauer hervor. Gebannt verfolgte er die Szene.

»Ahhh, höö do aaah!«, röchelte der Gewürgte, nahm schließlich all seine Kräfte zusammen und es gelang ihm, den Angreifer von sich wegzuschubsen. Daraufhin holte dieser eine Waffe aus der Tasche und richtete sie auf seinen Widersacher. Im schwachen Licht konnte Ludwig sein Gesicht sehen und er erkannte es sofort. Das war er … O nein!

»Nein. Das wirst du nicht tun!« hörte Ludwig im selben Augenblick. Ein lauter, harter Knall erfüllte die Gänge und wurde durch den Widerhall noch mehrfach verstärkt. Der leblose Körper rutschte die Wand herunter und blieb eigenartig verdreht am Boden liegen.

Der Junge trat einen plötzlichen Schritt nach hinten und schlug mit dem Kopf gegen die Wand.

»Ah!«, entfuhr es ihm.

Der Mann mit der Waffe erstarrte und horchte auf.

»Wer ist da?«

Ludwig klebte an der Wand, gelähmt vor Angst, unfähig auch nur einen Schritt zu machen. Er fixierte den schwachen Lichtstreifen, der sich ihm immer mehr näherte.

»Wer ist denn da?« Die Stimme kam näher. »Komm heraus. Ich tue dir ja nix.«

Ludwig fasste sich ein Herz und rannte los. Zweimal stolperte er und fiel hin, der Lichtstrahl erfasste ihn, was ihn nun weitertrieb. Dabei verlor er seine eigene Taschenlampe und verlief sich immer wieder in der Dunkelheit. Schließlich erreichte er einen Mauervorsprung, hinter dem er sich verstecken konnte, und verharrte dahinter. Sein Herz flatterte wild wie ein Vogel im Käfig.

»Hallo. Wo bist du? Komm doch heraus. Lass uns miteinander reden.«

Der Junge zitterte, wagte aber nicht einmal den Schweiß wegzuwischen, der ihm die Stirn herunterlief.

»Wer bist du! Was machst du hier?«

Die Stimme klang bedrohlich. Der Fremde schien ihn aus den Augen verloren zu haben, denn er drehte sich im Kreis. Ludwig konnte das Scharren seiner Schuhe hören. Auf einmal erklang die Stimme direkt an seinem Ohr. Mit allen Kräften beherrschte der Junge das Zittern und blieb regungslos in seinem Versteck. Der Mann bemerkte ihn nicht und verließ langsam den Raum.

Die Schritte wurden immer leiser, und dann war Ludwig von völliger Stille umgeben. Und dann merkte er, dass seine Hose warm und nass war. Er rutschte die Mauer herunter und begann zu weinen. Sein Schluchzen kam ihm dabei so laut wie Schreien vor, also unterdrückte er das Weinen und es dauerte nicht lange, bis er einschlief.

Er wusste nicht mehr, wie lange er geschlafen hatte, als er schließlich aufwachte, weil ihn etwas an der Nase kitzelte. Er verscheuchte es und schrak auf, denn dieses Etwas piepste. Eine Maus? Wo war er denn? Warum war es hier so dunkel?

Langsam erinnerte er sich an alles, was vorgefallen war, und es war ihm wieder nach Weinen zumute, mit letzter Kraft riss er sich aber zusammen. Er hatte Durst und war hungrig. Er musste schnell hier raus, um seinem Vater zu erzählen, wen er hier gesehen hatte. Er würde stolz auf ihn sein – o, nein. Wohl nicht. Wenn Ludwig ohne die Taschenlampe nach Hause zurückkäme … Weiter wollte er nicht einmal denken. Mühsam richtete er sich auf und ging los, Schritt für Schritt, immer wieder in die Stille horchend. Seine Kreidezeichen waren ihm jetzt in der völligen Dunkelheit keine Hilfe, also tastete er sich entlang der leuchtenden Linien nach vorne und betete, dass sie ihn irgendwann nach draußen führen würden.

Erschöpft, verdreckt und durstig erreichte er endlich den Ausgang. Er drückte auf die Klinke – und trat ins blendende Licht der Morgensonne. Er musste immer wieder blinzeln, hatte er doch die ganze Nacht im Bunker verbracht. Angst vor der Bestrafung schnürte ihm die Kehle zu.

Plötzlich ertönte ein Lachen. Und noch eins und noch eins.

»Eh, da ist er, da ist er! Guckt mal, wie er aussieht!«

»Und seine Hose! Die ist ja nass, ha, ha!«

Aber Ludwig hörte nicht auf die Rufe. Er fiel in schützende Ohnmacht.

Als er wieder zu sich kam, lag er in einem weichen Bett. Es war wie im Himmel, wie zu Hause. Er fürchtete sich, die Augen zu öffnen, um den Traum nicht zu zerstören. Aber seine Mutter erkannte an seinem Atem, das er nicht mehr schlief.

»Mein Schatz, geht es dir gut?« hörte er ihre besorgte Stimme. Sie umarmte ihn und drückte ihn an sich.

»Mama!«, flüsterte er und kuschelte sich an ihren schützenden und alles wiedergutmachenden Körper.

Nach einigen Minuten betrat der Vater sein Zimmer und sah Ludwig streng an.

»Was hast du mir zu melden, mein Sohn?«

»Lass ihn doch in Ruhe. Er ist gerade aufgewacht.«

»Er hat ja auch *nur* zehn Stunden geschlafen. Jetzt ist die Zeit zum Reden gekommen. – Also?« Und wieder dieser strenge Blick, vor dem sich sein Sohn so fürchtete. Und nicht nur er.

Ludwig beschloss, direkt mit seiner wichtigsten Information herauszurücken: »Ich habe den bösen Verbrecher gesehen. Er war dort. Und er hat ihn erschossen.«

»Wer und wo? Wovon redest du, mein Junge?« Der Vater sah ihn voller Sorge, aber auch Spannung an.

»Papa, du hast mir doch von ihm erzählt.«

»Ich sagte auch, du sollst sofort weglaufen. Und was hast du getan?«

»Ich bin ja weggelaufen.«

Ludwigs Augen füllten sich mit Tränen und sein Mund nahm die halbrunde Form an, die ein baldiges Weinen ankündigte. Seine Mutter streichelte ihm tröstend über die Wange.

»Schatz, sag doch dem Papa alles, was du weißt. Du hast da doch keinen Toten gesehen, nicht wahr?«

Der Junge schniefte kurz und berichtete von seiner Begegnung im Bunker.

»Du hast, du hast den Mord gesehen?!«, rief sein Vater aus. »Bist du dir da sicher?«

»Ja, Papa. Und ich hatte eine solche Angst. Ich … Und der Tote liegt bestimmt noch da.«

»Ist schon gut. Ist schon gut.« Die Mutter griff erneut besänftigend durch, während der Vater überlegte.

»Würdest du«, begann er. »Würdest du ihn mit Sicherheit wiedererkennen?«

»Ja. Das war er. Ich bin mir sicher.«

»Aber Walter! Du willst doch keine Gegenüberstellung?!«, rief die Mutter empört aus. Ihr Mann entgegnete nichts, doch seine Augen schienen ihr die Antwort zu geben. Eine, die ihr nicht gefiel.

»Warum bist du da bloß hingegangen?«

»Ich wollte einfach nur sehen, was es in dem Bunker so gibt.«

»Und wo waren deine Kameraden denn?«

»Welche Kameraden?«

»Die dir diese Mutprobe aufgebrummt haben.«

Ludwig riss die Augen weit auf – sein Papa wusste wirklich über alles Bescheid.

»Du tust ihnen aber nichts, Papa, ja?«

Sein Vater schmunzelte traurig. Doch als er das Zimmer seines Sohnes verlassen hatte, ließ er sich sofort telefonisch mit dem Polizeipräsidium verbinden. Er würde heute Abend Überstunden machen und diesen Mann erwischen, den er seit zwei Jahren gesucht hatte und der ihm geradezu auf der Nase herumzutanzen schien, so wie er sich ungehindert in seinem Revier bewegte. Die Nachricht von dem Toten würde er jedoch zuerst für sich behalten, um den

Mörder nicht zu verscheuchen. Ganz korrekt war das nicht, doch die Verhaftung des lange gesuchten Verbrechers war ihm wichtiger. Und er musste zugeben, er hatte einen tollen Sohn. Aber das würde er ihm viel später sagen.

»Ludwig, Ludwig. Wach auf! Du kriegst Besuch«, flüsterte seine Mutter und lächelte geheimnisvoll.

Der Junge hatte keine Lust, mit seinen neuen Kameraden zu sprechen. Denen hatte er doch zu verdanken, dass er sich an dem Morgen vor dem Bunker so blamiert hatte. Plötzlich hörte er die bekannte dünne Stimme: »Hallo Ludwig. Wie geht es dir?«, fragte Anne und kam hüpfend an sein Bett, um sich gleich darauf neben ihn zu setzen.

»Ähm«, stammelte er und versuchte von ihr zu weichen. Diese plötzliche Nähe ließ ihn erröten. »Kannst du dich …« Mit den Augen zeigte er auf den Stuhl neben seinem Bett.

»Ach ja, klar.«

Sie wechselte rasch die Sitzgelegenheit und sah ihn voller Spannung in ihren großen blauen Augen an.

»Wie war es im Bunker? Die Leute erzählen, dass du dort einem Geist begegnet bist. Ist das wahr?«

Ludwig überlegte. Sein Vater hatte ihm verboten, irgendetwas darüber zu verraten. Andererseits gefiel ihm seine neue Freundin sehr. Und ehrlich gesagt, im Moment war sie anscheinend die einzige, die er hatte.

»Kannst du ein Geheimnis bewahren?«

»Selbstverständlich. Was denkst du denn von mir?«, empörte sie sich.

»Schwör beim Leben deiner … deiner …. Lebt deine Oma noch?« Sie nickte. »Dann schwör beim Leben deiner Oma, dass du es niemandem sagst.«

»Ich schwöre«, sagte sie feierlich und nickte ihm zu. »Jetzt erzähl schon.«

Ludwig Krämer drückt den kleinen Stummel seiner Zigarre im Aschenbecher aus und grinst, als er seine Anne kommen sieht. Die *Weiße Anne* nennt man sie hier im Viertel.

Ihr Haar ist immer noch so weiß wie damals, als er sie kennengelernt hat. Auf ein letztes Bierchen schließt sie sich ihm manchmal an, bevor sie dann gemeinsam den Nachhauseweg antreten. Seit vierzig Jahren schon. Das Geheimnis hat sie niemandem verraten. Auch nicht, nachdem sein Vater den Mörder gefasst und den Toten gefunden hatte. Denn das Geheimnis hat vor allem darin bestanden, dass es ihr gemeinsames war.

Anne setzt sich hin. Das Bier kommt von alleine. Man kennt sich, man spart die Worte.

Im Januar 1941 begannen die Ausschachtungsarbeiten für den Bunker im Frankenberger Viertel, Ende 1942 stand er fertig da. Sogar eine Straßenbahnlinie wurde vor den Bunkereingang verlängert. Annes Befürchtung war allerdings nicht unbegründet. Ein Jahr später während der Bombenangriffe wurde er von einer Luftmine getroffen und ein Teil sackte um einige Zentimeter ab, was bis heute an einem Riss und der versetzten Abschlusshöhe zu sehen ist. In einem der Lüftungsschächte saßen Schützen, wie berichtet wurde, denn diese Stelle weist besonders viele Einschusslöcher auf, da man sie wohl schnell ausschalten wollte.

Bis zu zweitausend Menschen hielten sich in dem Bunker auf, eine große Anzahl – und das jede Nacht und zu jederzeit, wenn gebombt wurde. Eine makabre Vorstellung, wenn man heute die Gänge abgeht, die schweren Metalltüren sieht und die Lüftungsschächte, die im Fall von Gaseinsätzen geschlossen werden konnten. Nach der Kapitulation wurden alle Bunker in Aachen geräumt. Doch nicht für lange Zeit. Bald wurden sie als Notunterkünfte genutzt, da die zerstörten Häuser nicht ausreichend Wohnraum für die zurückkehrende Bevölkerung boten.

Unser Bunker blieb bis 1956 zu diesem Zweck in Betrieb. Danach nutzte man ihn als Möbellager beziehungsweise

Lager für Museumsexponate des damaligen Heimatmuseums, das in der Burg Frankenberg untergebracht war.

Erst im Jahre 1987 wurde der Bunker seiner heutigen Nutzung zugeführt – als Musikbunker. Teilweise umgebaut, gibt er vielen Bands die Möglichkeit, ungestört zu üben. Ungestört fühlen sich dabei auch die Bewohner der benachbarten Häuser, die »diesen Krach« einfach nicht hören müssen – dank fast anderthalb Meter dicken Mauern. Diese und weitere Maßnahmen zur Schalldichtung scheinen heutzutage so wirksam, dass nicht einmal mehr Heavy-Metal- oder Techno-Konzerte die Anwohner auf die Barrikaden treiben. Man hört ja nichts, wenn man vor dem Bunker steht. Und wenn, dann lediglich laute Stimmen begeisterter Konzertbesucher draußen vor der Tür.

Und so soll es auch bleiben: Luftschutzbunker für Musik!

Poetischer Abschluss

Ja, zum Schluss wird es poetisch. Es gibt nicht viele Gedichte und Lieder über Burtscheid. Die meisten, die existieren, entstanden im Umfeld des Karnevals, welcher immer ein guter Anlass ist, Burtscheid zu zeigen, wie es leibt und lebt.

Dass der Ort im Süden Aachens höher liegt als Aachen, haben Sie bereits erfahren. In einem Gedicht wurde diese Tatsache, die alle Burtscheider mit Stolz erfüllt, von Hein Görgen verewigt:

Botsched bovver Oche!

Wenn Botsched bovver Oche blenkt, Än deip de Möcke danze,
Än Oche open Huuche seenkt, Wi Lißje ejjen Planze.

Dann weäd die jecke Knebbelei
Van fröicher avjelane,
Dann klengt die Heämetmeledei
Os asdeg Kruenekrane.
Sue es os Frööndschaff jot gemeenkt, wenn Botsched bovver Oche blenkt.

Wenn Botsched bovver Oche blenkt, Weäd Oche drömm net blasser;
För dömm deä bade köönt än dreenkt, hat Botsched heäßer Wasser.

Än köönt me dobei een der Schweeäß, Wömm hei dat Wasser es ze heeäß, Deä kann et sich … jet bloese.

De sonn klömmt huech än laacht än wennkt,
wenn Botsched bovver Oche blenkt.

Ein weiteres Argument für das Leben in Burtscheid liefert folgendes Gedicht:

Burtscheid über Aachen

Der Herr hat gerade die Welt gemacht
Und schmachtet nach seinem Bett, er schaut sich um und überlegt, vielleicht fehlt irgendwo noch was

…

Denn schau ich Burtscheid in seiner Pracht, ist das mir der Beweis:
wir haben hier rund um Gillesbach
ein Stückchen Paradies

Der Dichter Hein Engelhardt, von innerem Zwang getrieben, unternimmt den Versuch den Burtscheider dichterisch zu beschreiben. Das ganze Gedicht ist in Klaus Bischops »1000 Jahre Burtscheid« zu finden.

Bötscheder

Ene echte Bötscheder beschrive,
es, wie et schingt, net janz sue lieeht, jevv ich
mich draa – loss ich et blieve? Ich saat mich selvs
am Engd: ich müüet.

Zu Hochdeutsch:

Einen echten Burtscheider zu beschreiben, ist, wie es scheint, nicht ganz so leicht,
geb' ich mich dran – laß' ich es bleiben?
Ich sagte mir am Ende selbst; ich muß.

Es lebt im Frankenberger Viertel ein wahres Original: der dichtende Frisör! Wenn Hans Montag nicht an den Haaren herumschneidet, dann dichtet er. Wer sich davon überzeugen will, soll er den Herrn anrufen. Bereits die Ansage auf seinem Anrufbeantworter ist in Reimen verfasst. Und das soll ihm mal einer nachmachen! Ich habe nun das Glück und die Ehre, in meinem Buch sein neuestes Karnevalslied zu präsentieren. Er gehört zu diesen Karnevalsjecken, die im Karneval nicht nur singen, sondern das Leben der Burtscheider besingen. Sich selbst nennt Hans Montag den Stimmungssänger.

Wer zur Karnevalszeit nach Burtscheid zu reisen gedenkt, sei es aus gesundheitlichen oder gesellschaftlichen Gründen, kann sich schon Mal im Vorfeld in Burtscheider Platt üben.

Vür Öcher sönd, dat es bekank,
et lejjvste fit
än selde krank.

Än föühlt mer sich ens lasch än möjj
den heäscht et kure tösche Kurpark än Amdejj

...

Refrain:

De häße Quelle än dr Fastelovvends-Tam-Tam
die blive en os Botsched ömmer Kurprogramm.
Das hilft dem Opa auf das Fahrrad, sätt de Mamm

wers nicht probiert, ist selber schuld und ärmer dran.

Mär hürt Alaaf, Alaaf, Alaaf!
Stroeß erop, än Stroeß erav, närrisch sönd vür heij op tour,
dat nennt mer Fastelovvends-Kur.

…

Das allerletzte Wort

Man möge mir nachsehen, dass ich mich beim Verfassen dieser Lektüre nicht an Lokalkolorit (und Tratsch) orientiert habe, der das Leben in einem jeden Viertel so würzt und es einzigartig macht. Wer jedoch daran interessiert ist, dem kann ich ans Herz legen, zum Beispiel die Bismarckstraße rauf und runter zu laufen, auf ein Schwätzchen in den Kneipen vorbeizuschauen und sein Ohr auf die lokalen Frequenzen einzustellen.

Am Neumarkt angekommen, findet er dort einen Platz zum Verweilen und Kräftesammeln. Und wenn dort gerade der Wochenmarkt stattfindet, wird er sich vor den Burtscheider Originalen nicht retten können. Muss man aber auch nicht.

Zeittafel

996 Kaiser Otto III. holt Gregor von Kalabrien nach Aachen.

997 Gründung der Abtei Burtscheid und Absicherung durch Schenkung von Gütern. Gregor lässt eine Kapelle bauen, die den Heiligen Nikolaus und Apollinaris geweiht wird.

999 Gregor, der erste Abt von Burtscheid, stirbt und wird in der von ihm erbauten Kapelle beigesetzt, danach werden seine Gebeine in die Kirche St. Johann-Baptist überführt und neben dem Johannes-Altar bestattet. Ab 1895 werden die Gebeine im Reliquienschrein aufbewahrt. Die Kirche und der Schrein wurden im Zweiten Weltkrieg zerstört, die Gebeine jedoch nicht. Den Berdolet-Altar verlegte man aus dem Dom nach Burtscheid; die Gebeine des Heiligen befinden sich jetzt in einem Sarkophag unterhalb der Mensa.

1018 Am 21. Januar wird die wichtigste Urkunde Burtscheids von Heinrich II. ausgestellt: die Abtei erhält einen Zehnbezirk in Grenzen, die bis zur Eingemeindung 1897 ihre Gültigkeit behalten haben. Es ist die älteste Urkunde im Besitz des Aachener Stadtarchivs.

1220 Da die Benediktinermönche die Abtei heruntergewirtschaftet haben und ihr Lebenswandel für Empörung sorgte, wurde sie den Zisterzienserinnen vom Salvatorberg zu Aachen übergeben. 1222 wurde die Übergabe von Friedrich II. bestätigt.

13. Jahrhundert Die Zunft der Tuchmacher entsteht. Die Nikolausikone wird nach Burtscheid gebracht.

1252 Die Pfarrkirche St. Michael wird zum ersten Mal urkundlich erwähnt.

1351 Äbtissin Mechthildis überträgt die Gerichtsbarkeit über Burtscheid an die Stadt Aachen.

1352 Die neue gotische Abteikirche St. Johann-Baptist wird fertig gebaut.

15. Jahrhundert Arge Zeiten für Weintrinker! Die Stadt Aachen verbietet die Weineinfuhr aus Burtscheid unter Strafe. Aachener dürfen auch keine Weinstuben in Burtscheid besuchen. Die Sittenlosigkeit der Badenden in Burtscheider Badehäusern hat zu Folge, dass die Geschlechtertrennung eingeführt wird, die bis ins 18. Jahrhundert aufrechterhalten wird.

1546 Das erste Buch über die Aachener und Burtscheider Bäder, verfasst von dem Aachener Badearzt Franciscus Fabricius, erscheint in Köln.

16. Jahrhundert Zahlreiche Kupfermühlen entstehen. Ein protestantisches Gotteshaus wird erbaut (Bau nicht abgeschlossen).

1779 Die Erteilung der Konzession zur Eröffnung eines (Glücks-)Spielhauses durch die Äbtissin – auf dem Krugenofen.

1802 Auflösung der Abtei. Die letzten drei Stiftsdamen werden im heutigen Abteitor untergebracht. Die Abteikirche St. Johannes-Baptist wird von Bischof Markus Antonius Berdolet (erster Aachener Bischof) zur zweiten Pfarrkirche Burtscheids erhoben. Die Klostergebäude führt man anderen Zwecken zu.

1838 Beginn der Arbeiten an der Rheinischen Eisenbahn; am 1. September 1841wird der Viadukt feierlich in Betrieb genommen.

1849 Erster Fall der Choleraepidemie – 150 Personen fallen ihr zum Opfer.

1853 Das Marienhospital wird errichtet.

1862 Bau der katholischen Schule *Am Michaelsberg*, die nach dem Zweiten Weltkrieg unser Ludwig Krämer besuchen wird.

1873 Die Aktiengesellschaft Frankenberg erhält die Konzession zum Bau des Wohnviertels, die Maßnahmen werden von Streitigkeiten zwischen AG Frankenberg und Burtscheid begleitet; 1880 folgt noch ein Streit zwischen Aktiengesellschaft Frankenberg und Burtscheid um Wasserkonzessionen; das Gericht entscheidet zugunsten der Stadt.

1897 Burtscheid wird in die Stadt Aachen eingemeindet.

Die Promenade in Burtscheid, Gouache von Johann Ferdinand Jansen, 1796 (Quelle: https://de.m.wikipedia.org/wiki/Datei:Burtscheid_1796_Jansen.jpg).

1943 bis 1944 Luftangriffe zerstören sukzessiv den Stadtteil Burtscheid. Die Abteigebäude, Badeanstalten, zahlreiche Wohnhäuser liegen in Schutt und Asche. Wiederaufbau findet nur teilweise statt.

1945 Der Luftschutzbunker an der Burg Frankenberg wird für Wohnzwecke hergerichtet.

1954 Das 1664 erbaute Abteitor, später als Jonastor bekannt, soll wieder Abteitor heißen.

1961 Das Heimatmuseum wird in der Burg Frankenberg eingerichtet.

1987 Der Bunker in der Goffartstraße wird seiner heutigen Nutzung zugeführt – als Musikbunker.

Literatur

Bischops, Klaus: 1000 Jahre Burtscheid, Einhard-Verlag, Aachen, 1997.

Bock, Fr.: Die Reliquienschätze der ehemaligen gefürsteten Reichs-Abteien Burtscheid und Kornelimünster nebst Heiligtümern der früheren Stiftskirche St. Adalbert und der Theresianer-Kirche zu Aachen, Verlag der L. Schwann'schen Verlagshandlung, Köln und Neuß 1867.

Burtscheider Lesebuch. Schriften Band 10, Gesellschaft Burtscheid für Geschichte und Gegenwart e.V. Hrsg. Dieter Detiège, Holger A. Dux, Kurt Jünger. Aachen-Burtscheid 2003: Beitrag: Zur Topographie des Dorfes und der Herrlichkeit Burtscheid (»Echo der Gegenwart«, Unterhaltungsbeilage aus »Aus Wissen, Kunst und Leben«, vom 15. Februar ff. 1921).

Dautzenberg, Bernhard: Burtscheid und seine engeren Randgebiete einst – damals – heute dargestellt in Daten von 997 bis 1976, Aachen-Burtscheid 1979.

Herrmann, Rosemarie: Geheimnisvolles aus Aachen. Klatsch und Historie, erzählt von R.H., Illustrationen Gisela Conrad Hrsg. Meike Thüllen, Aachen 1976.

Kaltenbach, Johann Heinrich: Der Regierungsbezirk Aachen, Wegweiser für Lehrer, Reisede und Freunde der Heimatkunde, Aachen 1850.

Königs, Hans: Eine unbekannte Darstellung der Reichsabtei Burtscheid aus dem Jahre 1754. Ein Beitrag zur historischen Topographie Burtscheids, Sonderdruck aus Zeitschrift des Aachener Geschichtsvereins, Band 84/85, 1977/1978, Freundesgabe für Bernhard Poll, dargeb. von seinen Kollegen und Freunden. Teil II. Im Auftrag. des wiss. Ausschusses hrsg. v. Herbert Lepper, Aachen 1978.

Pauels, Angelika (bearb.): Unter Adler und Schwan. Die Chronik der Bürgermeisterei für die Jahre 1814-1886 (mit Abbildungen aus dem Stadtarchiv Aachen), Einhard-Verlag, Aachen 1997, Bd. 9.

Pschmadt, Johannes: Der »dialogus miraculorum« des Cäsarius von Heisterbach in seinen Beziehungen zu Aachen, in: Aus Aachens Vorzeit, Heft 1/1900.

Römling, Micheal: Aachen. Geschichte einer Stadt, Tertulla-Verlag, Soest 2007.

Rosing, Klaus: Aachen in alten und neuen Reisebeschreibungen. Ausgewählt von K.R., Droste Verlag, Düsseldorf 1990.

Quix, Christian: Geschichte der ehemaligen Reichsabtei Burtscheid, von ihrer Gründung im 7ten Jahrhunderte bis 1400. Verlag Jacob Anton Mayer, Aachen 1834.

Wehsarg, F. K.: Bad Aachen-Burtscheid. Geschichte – Bedeutung, F. K. Schattauer Verlag, Stuttgart – New York, 1979.

Weitz, W.: Über den Namensursprung der Stadt Burtscheid, in: Zeitschrift des Aachener Geschichtsvereins. Bd. 3, Aachen 1881.

Wurzel, Thomas: Die Reichsabtei Burtscheid von der Gründung bis zur frühen Neuzeit – Geschichte, Verfassung, Konvent, Besitz. Band 4, Veröffentlichungen des Stadtarchivs Aachen, Verlag der Mayerschen Buchhandlung, Aachen 1984.

https://www.heiligenlexikon.de/BiographienG/Gregor_von_Burtscheid.html

https://www.heiligenlexikon.de/BiographienN/Nikolaus_von_Myra.htm

Gespräche mit …

… Uwe Reuters vom Burtscheider Heimatfreunde e.V., einem engagierten Burtscheider. Die Initiativen seines Vereins retten in Burtscheid Historisches oder einfach nur Altes, aber Erhaltenswertes, halten Traditionen aufrecht.

… Rolf-Dieter Jurewicz, von Tabak Jurewicz in der Bismarckstraße, der für seine Frankenb(u)erger sogar einmal eine Pfeifentabakmischung hat kreieren lassen. Wie heißt sie? – Natürlich »Neumarkt Special«. Wer sich darüber wundert, soll vor seinem Laden stehend aus dem Fenster schauen. Da schaut er genau auf das Herz des Viertels und den Treffpunkt, wo alle zusammenkommen, vor allem aber samstags, zum Wochenmarkt. (Zum Zeitpunkt der Veröffentlichung dieses Buches hatte der inoffizielle Bürgermeister des Frankenberger Viertels nach 44 Jahren sein »Pfeifenstudio Tabak Jurewicz« aufgegeben).

… Lars Templin, dem Geschäftsführer des Musikbunkers e.V., der mich durch den ganzen Musikbunker geführt und mir alle interessanten Details gezeigt und erklärt hat. Auch die ausführliche Geschichte der furchteinflößenden Anlage hat er mir zur Verfügung gestellt.

… Manfred Kutsch, dem ehemaligen Redakteur der Aachener Volkszeitung, von dem ich auch eine ganze Reihe Beiträge erhalten habe, die er für die Zeitung in den 1980er Jahren verfasst hatte.

… Hans Montag, dem Stimmungssänger und Karnevalsjeck, der seine Liebe zur Heimat in Reimen zum Ausdruck bringt.

Danksagung

All den Menschen, die mich bei meinen Recherchen und beim Verfassen dieses Buches unterstützt haben, gilt an dieser Stelle mein größter Dank.